信息技术与课程深度融合
研究与实践

陈君涛　展金梅　陈焕东　著

吉林大学出版社

·长 春·

图书在版编目（CIP）数据

信息技术与课程深度融合研究与实践 / 陈君涛，展金梅，陈焕东著. -- 长春：吉林大学出版社，2020.10（2024.1重印）
ISBN 978-7-5692-7519-3

Ⅰ. ①信… Ⅱ. ①陈… ②展… ③陈… Ⅲ. ①信息技术－应用－课堂教学－研究 Ⅳ. ①G434

中国版本图书馆CIP数据核字(2020)第212010号

书　　名　信息技术与课程深度融合研究与实践
　　　　　　XINXI JISHU YU KECHENG SHENDU RONGHE YANJIU YU SHIJIAN

作　　者　陈君涛　展金梅　陈焕东　著
策划编辑　吴亚杰
责任编辑　周　鑫
责任校对　宋睿文
装帧设计　梁　晶
出版发行　吉林大学出版社
社　　址　长春市人民大街4059号
邮政编码　130021
发行电话　0431-89580028/29/21
网　　址　http://www.jlup.com.cn
电子邮箱　jdcbs@jlu.edu.cn
印　　刷　三河市元兴印务有限公司
开　　本　787mm×1092mm　　1/16
印　　张　14.75
字　　数　220千字
版　　次　2021年3月　第1版
印　　次　2024年1月　第2次
书　　号　ISBN 978-7-5692-7519-3
定　　价　75.00元

序 言

纵观世界，教育信息化已成为各国建设人力资源强国、实现经济社会快速发展的前瞻性战略选择。在信息化浪潮的席卷下，我国政府意识到了必须把教育信息化上升到国家战略的层面，使教育信息化成为促进教育发展、变革的重要推动力量。但是我们必须清醒地认识到，信息技术的应用不会自然而然地创造教育的奇迹，它需要与课程教学深度地融合、紧密地结合起来，才能使其支持教育教学改革和促进教育教学的发展。

本书第一章分析了信息技术与课程融合的背景、内涵、目标和意义，并介绍了当前信息技术与课程融合的理论基础与研究状况，对国际信息技术与课程融合的发展进行了客观深入的分析，立足于世界发展的前沿，阐述了信息技术与课程融合对当前教育信息化发展的意义，比较了当前各国间信息技术与课程融合的发展变化，并深度地总结了信息技术与课程融合的理论与技术基础。总结当前在信息技术与课程深度融合过程中亟须解决的一些现实问题，为信息技术与课程深度融合指出研究的方向。

在阐述了信息技术与课程深度融合的研究内容之后，本书第二章、第三章结合大量的资料，重点分析了基于信息技术与课程深度融合的教学设计原则、教学模式设计，同时结合《大学计算机基础》课程的教学内容，分析了在信息技术与课程融合的背景下"大学计算机基础"的教学设计和教学模式，通过实例论证了此教学设计和教学模式的可行性、稳定性和高效性。结合当前移动信息化教学的特点和碎片化教学资源设计的特点，第四章重点讨论了信息技术与课程融合下信息化教学资源设计的要求、特点、原则及实现的关键技术。第五章首先列举了信息技术快速发展过程中出现的课堂教学资源类型，如微课、微课程、微视频、私播课和慕课，然后探讨了信息技术与课程融合背景下的教学模式、学习行为与教学困境、教师信息化教学能力以及课堂教学应用的情况等。第六章，在前期论述的基础上，对信息技术与课程深度地实践进行了深度探索，对新时代发展起来的对教育教学有深刻影响的新技术进行阐述，如物联网、云计算、大数据、人工智能、移动互联网、虚拟现实等。进一步以《大学计算机基础 E-Learning 教学系统》为课程融合案例，详细并具体地阐述了在信息技术与课程深度融合的背景下 E-Learning 教学系统设计的整体构想、结构设计、功能规划、界面设计和功能实现等内容，并列举了主界面、数字课堂、课外训练、综合训练等模块的部分源码。

本书是多人智慧的成果，在编写过程中，除了陈君涛、展金梅、陈焕东主要撰写之外，还得到宋春晖、吴淑雷、康东、王觅、冯所伟等同行的帮助和支持，在此一并表示衷心的感谢！本书由陈焕东主持的海南师范大学 2019 年博士教授科研项目、海南省高等学校教育科学研究项目（项目编号：Hnjg2019ZD-8）共同支助出版。在本书的编写过程中，参考了一些相关著作和文献，在此向这些文献的作者深表谢意！由于撰写时间紧迫，作者水平有限，且本研究工作有待继续深入，书中难免存在不足之处，恳请广大读者和同行专家批评指正！

编者

2020 年 4 月

目 录
CONTENTS

第一章　信息技术与课程深度融合概述

第一节　信息技术与课程深度融合的背景

纵观世界，飞速发展的信息技术改变着人类的思维方式和学习方式，信息技术已经广泛应用到人类社会的方方面面。教育是人类社会发展中的一个重要领域。信息技术在教育领域中的应用，一方面使得教育信息呈现爆炸式的增长，带来教育教学方式的深度改变；另一方面也为教育的发展提供了前所未有的机遇和挑战。信息技术与课程融合就是将信息技术应用到教育领域中的一个重要体现，其内涵就是将信息技术应用与学科教学融为一体。

早在 2001 年 6 月，我国教育部就印发了一个指导性的文件——《基础教育课程改革纲要（试行）》。在这个国家纲领性文件中明确表述了，而且观点鲜明地提出，要把信息技术应用于教学过程中，并且要求在全国各基础教育课程中加大信息技术应用于教学过程中的推进力度，能够在基础课程改革中大力推广并达到普遍应用的目标。信息技术应用于教学过程中，将信息技术与学科的教学进行整合，在基础教育课程改革中实现教学方式的改革、教学内容以信息化的方式展示，课堂中的教学互动、师生问答等方式也将发生一系列的变化。但万变不离其宗，信息技术与课程整合，要解决好的关键问题是如何让信息技术更好地促进课程教学，促进教师的教，促进学生的学，达到教与学的双赢。这一问题是关键问题，也是核心问题。最大程度地发挥出信息技术的技术优势，终极目标就是为教学服务，为教师的教、学生的学提供信息化资源，让课堂教学充满活力，使得师生互动更加便捷高效。让信息

技术成为课堂教学的有力工具，使得教育环境更加丰富多彩。[1]

在国家大力推动教育信息化的过程中，全国各省市教育管理部门、各级各类教育机构也纷纷开始推动信息技术与课程的整合。各种促进教学信息化的指导性意见、发展规划等文件陆续出台。理论研究成果指导实践，实践过程结果反作用于理论的研究。这一时期，我国有众多的专家学者投入大量的时间精力开展相关领域的研究和实践，教育信息化研究取得了不少的成果。

2002 年西北师范大学南国农教授在其论文《教育信息化建设的几个理论和实际问题（上）》（电化教育研究，2002）描述了信息技术与课程整合的一些理论，这是该领域内较早的研究成果。南国农教授在研究中描述了信息技术与课程整合的含义。一方面是把"信息技术以工具的形式与课程融为一体"。在信息技术与课程整合中，把信息技术定位在教学辅助工具上，使用信息技术这一工具来更好地为课程教学服务。另一方面是把"信息技术融入课程教学体系各要素中"。[2]对南国农教授描述的信息技术与课程整合的含义可以进一步地阐述为信息技术要作为教师在教学过程中使用的教具——教学工具，同时也是为学生更好的学习而服务的学习工具——一种认知工具。北京师范大学何克抗教授对教育信息化及信息技术与课程整合的理论和实践进行了深入的探索，出版和发表了一系列研究成果。2008 年何克抗教授就出版了名为《信息技术与课程深层次整合理论》的专著。何克抗教授在著作中对教学信息化的内涵、我国教育信息化发展的现状、存在的问题、整合的目标、开展信息技术与课程整合的方法、教学模式、信息技术与课程整合对我国教育改革的重要意义等一系列问题做了系统详细的阐述。同时也深入描述了信息技术与课程整合的理论基础、"学教并重"的教学设计。[3]这本专著里有理论指导和实践方法，是作者大量研究和实践的结果，对教育信息化研究与实践有很高的参考价值。华南师范大学李克东教授在该领域进行了多年的研究与实践。2002 年李克东教授发表了论文《信息技术与课程整合的目标与方法》（中小学信息技术教育，2002）。李克东教授指出了信息技术与课程整合的特征，阐述了信息技术与课程整合与传统学科教学之间的关系，即两者间是密切联系又相对独立的存在。信息技术与课程整合对传统教学方式有良好的继承性，继承了传统教学的优点，又能够与时俱进，结合信息化时代特征，将信息技术与教育教学深度融合。信息技术与课程整合的研究与实践具有重要的意义，作用于教师可以促进教师的教学，创建优良丰富的教学环境，优化教师的教；作用于学生则促进学生自主性、创造性的培养，培养学生富有创新精神和实践能力。[3] 良好的教学环境下的教学，最大的受益者仍是学生。

我国政府把教育信息化上升到国家战略的层面，国家层面大力推动教育信息化的发展。新时代的教育发展、教育改革都离不开信息化的发展进步。教育信息化能力的高低在一定程度上反映了信息化水平及其应用情况。国家将教育信息化作为全民族教育进步发展的重要促进力量，进而促进我国信息化自身发展。

2010 年 7 月，国家中长期教育改革和发展规划纲要工作小组办公室发布了纲领性文件《国家中长期教育改革和发展规划纲要（2010—2020 年)》（以下简称"《纲要》"）。[4] 在这个纲领性文件中，大篇幅的文字明确阐述了这一阶段，我国教育信息化相关工作的实施意见及工作要求。纲要的第十九章就是以"加快教育信息化进程"为标题，全文分别从两个方面进行了具体详细的阐述，一是教育信息基础设施建设，二是优质教育资源开发与应用。

在"教育信息基础设施建设"部分，《纲要》指出"信息技术对教育发展具有革命性影响，必须予以高度重视"。[5] 可见国家对信息技术促进教育发展的重视程度。信息化时代国家要进步要发展，离不开信息技术的发展与支持，教育信息化的水平在一定程度上影响了整个国家的信息化发展进程，教育信息化纳入国家整体的战略计划中，举全国之力促进推动。《纲要》提出"基本建成覆盖城乡各级各类学校的教育信息化体系"，[5] 实现这一目标的时间是 2020 年。就笔者目前了解的教育信息化状况，各地区发展不均衡，各类学校建设情况也各有差别。就海南省内的众多学校，在教学环境、教学方法和教学媒体方面，基本能实现信息化。多数学校的信息化建设的重心工作较多地停留在数字化校园硬件环境的搭建。对优质资源的引进以及如何对现有资

源的整合再利用，实现优质、便捷、实用的教育环境还需要更多的努力。

在"优质教育资源开发与应用"部分，《纲要》指出"加强网络教学资源体系建设"。[5] 教学资源是教学环境的重要组成部分，信息化教学环境不能缺乏优质的教学资源，网络教学资源体系建设成为信息化教学环境搭建的重要部分。一部分数字化教学资源可以自主建设，也可以共建共享，"引进国际优质数字化教学资源"。近年来我国大力推进优质教育资源的建设和普及共享，名校名师的优质网络课程、基于网络的数字化图书馆、远程教育、开放的资源共享平台等都成为教育信息化发展的重要成果，缩小了城乡差距、地域差异，缓解了农村和落后地区极度缺乏优质教育资源的现状。

《纲要》还指出"强化信息技术应用"。[5] 强化一线教师的信息技术应用能力，提供信息技术应用水平，要求一线教师的教学观念要适应信息化时代的要求，改革传统的教学观念，改进教学方法与手段，进而能在教学中体现出较好的教学效果。教与学是双向的。鼓励学生在信息技术环境支持下，主动探索学习，提高学习的主观能动性，培养合作学习精神，增强信息技术的使用水平，培养运用信息技术提出问题、分析问题、解决问题的能力，提高信息素养。教育信息化的推动与发展，不仅仅应用于各级各类学校，更应将信息化意识传递给全体公民，促进并提高全民信息技术的应用能力，广泛深入地践行学习型社会建设需求。国家级重要文件中专门把"加快教育信息化进程"作为一章，充分体现了我国教育目前所面临的情况，即机遇和挑战并存。在信息化大背景下，要通过教育信息化整体提升教育质量，以教育的信息化带动我国教育的现代化，必须充分认识到信息化的重要性，助力教育强国愿景的实现。

为了更进一步地落实《国家中长期教育改革和发展规划纲要（2010—2020 年)》文件要求，大力推进教育信息化，2012 年国家教育部制定了《教育信息化十年发展规划（2011—2020 年)》（以下简称"《规划》"）。[6] 《规划》全面系统地阐述了我国教育信息化的现状与挑战，明确了教育信息化的发展目标，列出了为实现教育信息化这一目标的具体发展任务，给出了实施"中国数字教育 2020"的行动计划。《规划》第六章中明确以"推动信息技术与高等教育深度融合，创新人才培养模式"为标题，提纲挈领地把信息技术与教育深度融合列在国家级重要文件中，体现了信息技术与高等教育深度融合的重要性。

《规划》指出"重点推进信息技术与高等教育的深度融合，促进教育内容、教学手段和方法现代化"。[6] 高等教育是人才培养的重要阵地，高等院校是科学研究的重要场所。高等院校通常具有先进的信息技术和良好的网络环境，加强高等教育的信息化可以起到广泛的带动作用。信息技术与高等教育的深度融合，有利于教学内容、教学方式方法、教学手段等实现现代化，有利于优质教育资源的共享共建，促进学习型社会建设。

进入 21 世纪，信息化浪潮席卷全球，教育的信息化已成为各国建设人力资源强国、实现经济社会快速发展的前瞻性战略选择。教育的信息化是我国由人口大国逐步走向人力资源强国的必经之路。

第二节　信息技术与课程深度融合的内涵

信息技术与教育"深度融合"的概念最早提出是在我国教育部 2012 年 3 月发布的通知文件——《关于印发〈教育信息化十年发展规划（2011—2020年）〉的通知》[6]。该通知文件的附件《教育信息化十年发展规划（2011—2020年）》（以下简称"《规划》"）共有四部分，全文多处阐述了信息技术与教育教学的深度融合。其中，第一部分总体战略中把深度融合作为工作方针列出，提出探索现代信息技术与教育的全面深度融合。文件第二部分把信息技术与教育全面深度融合作为实现教育信息化发展目标的重要发展任务，并在第六章进行了详细的阐述。文件第三部分行动计划中，提出要推动教育与信息技术的深度融合，探索信息技术与教育教学深度融合的规律等。[7]

随着教育教学改革的深入、教育信息化的不断推进，国家对信息技术与课程的融合越来越重视。随之，信息技术与学科课程深度融合成为信息化教育研究与实践中的一个热点问题。那么从概念入手，要透彻理解信息技术与

课程深度融合的内涵，我们首先要清楚与其相关的几个概念，我们需要理解什么是信息与信息技术、什么是课程、什么又是融合等，逐层分解、逐一了解后，再整体考虑我们讨论的这一主题——信息技术与课程深度融合。

1.对信息技术的理解

信息技术（information technology，IT）的概念比较广泛，有关信息技术的定义有很多。广义上来讲，信息技术是一种在电子计算机技术、通信技术、遥感控制等技术支持下，能够实现信息的产生获取、信息的传输存储、信息的识别处理、信息的显示应用等技术。信息技术与信息处理密切相关，但又不等同于计算机技术。计算机技术只是信息技术的一部分，信息技术包括计算机技术。但是在当前的教师中，特别是中小学教师，就有很多人误解了信息技术的含义，将信息技术等同于计算机技术，因而信息技术与课程融合也就被"合理"地误解为计算机技术与课程融合了。我们这里说的信息技术主要是指以数字化、网络化、多媒体化为特征的现代信息技术，广泛应用于教育领域内的现代信息技术主要包括多媒体技术（multimedia technology）、人工智能技术（artificial intelligence，AI）、卫星电视广播技术、网络技术（communication technology）、通信技术（network technology）和虚拟现实技术（virtual reality，VR）等。

2.对课程的理解

对课程（curriculum）的理解有广义和狭义之分。广义的课程指学校所有的学科总和及其进程与安排，包括教师对所教授的学科及针对教学所实施的有目的、有计划的教育活动。狭义的课程是指具体的某一门学科。

3.对融合的理解

"融合"（fusion）这一词有混合、结合、集成、一体化、成为一个整体的含义。"融合"意为不同的事物相互作用而形成的一个整体。信息技术与教学深度融合强调的是信息技术与教育教学的相互作用，在信息技术与教育教学相互促进以及相互改变的过程中，二者能够不断适应的过程。

4.对信息技术与课程融合的理解

早期的研究都称"信息技术与课程整合"，也有称"信息技术与学科教学整合"，现在还有一些地方依然使用"整合"这一说法。我们在这里谈信息技术与课程的深度融合，用"融合"取代"整合"，这最早是从教育部的层面提出。《规划》中为什么是"融合"而不是"整合"呢？"融合"与"整合"的意思有相近之处，但还是有区别的。

要回答这一问题，我们先探讨一下"整合"的概念。"整合"（integration）通常是指若干相关事物或因素之间相互作用而合成为一个新的统一整体的建构和细化过程。在这一过程中，若干事物相互作业而成为一个新的整体，参与整合的各个事物之间是独立的。而信息技术与课程这两个事物的整合，大多是将信息技术应用于教育领域，信息技术扮演了工具的角色，浓墨重彩的地方是突出信息技术辅助教师的教，有数字化的教学媒体、图文并茂的教学内容、教学平台等。多年来信息技术与课程整合主要是针对改良学校中的教学环境、软件或者硬件设备，或者是软件和硬件的同步改善。在改良了的软件、硬件环境的多媒体教室组织教学活动，教师依然是课堂的主体，使用先进的教学平台，展示制作精美的教学资源等，单从教师教的方面来说，信息技术确实发挥了极大的作用。而学生作为知识的学习者，没有改变的依然是"被动接受"。在信息技术改良了的现代化教学环境下，老师全堂主讲，缺少学生自主探索学习、合作交流讨论，缺少学生自主挖掘知识、延伸学习能力的培养。改变了的是教与学的软硬件环境、改变了的是教学的方式手段，不变的是传统的教学结构，这就是信息技术与课程整合必须被改变的原因。

《规划》中不再使用整合一词，取消了信息技术与课程整合提法。取而代之，提出信息技术应与教育教学深度融合，这一观点是时代的需求。信息化时代，信息技术与其他行业的发展已经卓有成效，实现相应行业的现代化。那么教育领域内，如何使得信息技术促进、引领教育现代化，成为迫切需要研究，进而实践检验的问题。教育部提出信息技术应与教育教学深度融合正是符合时代诉求，期望能够以此促进教育信息化发展，实现教育信息化的目标。

就教学的组织形式来看，参与教学过程的要素有教师、学生、教学内容和教学媒体。信息技术应与教育教学深度融合需要变革传统的教师主体的教

学组织形式。教学是师生的双向活动。要达到教学目标，单靠教师的教，没有学习者的主动参与，达不到好的教学效果；同样，脱离教师的教，完全让学生自主学，也实现不了教学目标，所以教与学的过程需要靠教师和学生的共同努力。在教学组织中，教师应该是教学过程的组织者，发挥主导作用，即教师是教学的主导。在教与学的双向活动中，教师主导，学生必须是教学活动的主体。教学活动中，不能缺少学生的自主自发学习，没有了学习的主观能动性，教学效果将大打折扣。这样分析后，应该清楚认识到，在教育教学活动过程中，坚持教师的主导作用，坚定学生的主体意识，即教师主导——学生主体的教学组织原则。把教学的主体还给学生，让学生在教师的指导下发挥主观能动性，自主自发学习、自主探求挖掘知识、合作交流，学会发现问题、分析问题，进而探究解决问题。

综上所述，回答为什么是"融合"而不是"整合"的问题，"融合"与"整合"的区别在于："深度融合"要求实现教育系统的结构性变革，而"整合"不要求，也不关注这种变革。[5]能否实现"信息技术与教育的深度融合"，也就是能否让信息技术对教育发展真正产生出"革命性影响"唯一的衡量标准就是：传统的课堂教学结构改变了没有。

要深刻理解信息技术与课程融合的概念，我们需要说明以下几点问题。

（1）改变教与学双向活动中的课堂教学结构

要理解信息技术与课程融合的深层次含义，必须要先理解什么是教育系统结构性变革。这里的教育系统主要指的是学校教育系统中的课堂教育。深度融合的目标就是改变教与学双向活动中的课堂教学结构。我国传统的课堂教学结构是以教师为主体，以教师的"教"为课堂教学结构的中心。这样就忽视了教学结构中一个大比例的群体——学习者（学生）。学习者的自主学习及学习的能动性在这一类型的教学结构中受到一定程度的限制。

信息技术与课程的深度融合就是要改变这一传统的教学模式，实现"学生为主体、教师为主导"的课堂教学结构。以学生为主体，在教与学的活动中，学生是内因，是决定学习活动能否达到目的的根本原因。以教师为主导，教师是教学活动的组织者，由课前的备课、课堂的导入、重难点知识的精讲答疑、学生课堂氛围的把控等多方面引导学生参与到教学活动中。对不同层次学生和不同性格特征学生的引导都离不开教师。教育信息化也催生出了大量优质的教学资源，我们的教学内容不再单一地来源于课本，还有教学平台，海量的网络资源、各种学习视频、音频、图形图像等。多样化的教学媒体成为教学活动中不可或缺的辅助工具，使得师生双向互动、同学间的互动交流更加便捷、多样，依托网络可以随时随地展开交流学习。教学媒体成了方便学生自主学习、合作交流、情感体验的工具。[7] 信息技术与课程的深度融合坚定了学生的主体地位，最大程度上发挥教师的主导作用，学生主体、教师主导相结合，最终达到良好的教学效果。

（2）信息技术与课程深度融合是两者相互支持的有机融合

信息技术与课程深度融合不是简单地将信息技术应用于教学中，把信息技术视为一种教学的手段，而是从课程教学整体需求出发，考虑如何使信息技术服务与课程教学发挥信息技术的功能与作用，增强学生的学习效果，避免为使用技术而使用技术的错误思想。信息技术与课程教学相互支持，相互融合，建设高效、适用的数字化的课堂环境，创建能激发学生自主学习的情境，提供教师和学生互动良好的信息环境，最终实现优化教师的教学和学生学习的目的。

（3）信息技术与课程融合要继承传统教学中的有效方法

教学结构的改变不是一蹴而就的。信息技术与课程融合需要将各教学要素协调起来，适应信息化时代的需求，提升教师信息化教学能力，依托信息化教学媒体，使用数字化教学内容，指导学习者自主学习，使其具备较高的信息素养。信息技术与课程融合不能与传统的教育形式割裂，要继承传统教学中的有效方法，使二者协调统一，共同服务于课程教学，而不是对传统教育形式的全盘否定。信息技术与课程融合的目的就是要解决教育、教学中存在的问题，进而优化教学。

第三节　信息技术与课程融合的目标和意义

21 世纪的今天，信息技术飞速发展，人们的生产、生活、学习等方方面面离不开信息技术的支持。信息化已然是当今世界经济和社会发展的潮流。信息化时代，教育的信息化、教育的现代化需求日趋迫切。"信息技术与课程融合"是我国教育教学改革的明确要求，成为教育信息化的重大举措。

1.信息技术与课程融合的目标

（1）信息技术与课程融合变革学习方式

联合国教科文组织出版的《学会生存》一书中描述"未来的文盲，不再是不识字的人，而是没有学会怎样学习的人"。信息技术融入生活的方方面面，我们无时无刻不在与信息技术发生关联，这使得我们的生活发生重大的变化。信息技术和课程融合也潜移默化地变革了我们的学习方式。

传统的学习中，如果我们遇到一些不认识的字词，那么我们可能需要找一本字典或者词典来查，或者去请教可能认识或者了解这个字词的人。然而信息化的今天，我们绝大多数人，再遇到相同的问题，我们首先考虑的解决方法可能就是上互联网去查。信息化飞速发展支持了人们可以随时随地使用网络，这就比去找一本字典或者词典方便得多。获取知识的途径和渠道更加的多元，那么在这么多"网络搜索"到的知识中，我们需要有分析、辨别、吸收的能力，这才能把这些知识内化为自己的。

21 世纪是信息大爆炸的时期，海量的信息我们单靠教师的教授所学非常有限。形式多样的网络学习、虚拟课堂、远程教育，使得学习资源能够高度共享，学习不再只是在教室里，可以随时随地不受时空限制，通过互联网进行学习。学习的环境已经变了，学习者学习的方式自然也必须随着改变。正所谓"授人以鱼，不如授之以渔"。恰恰需要的就是培养学生学会学习，能够自主学习、协作学习的能力，并且还要具有终身学习的态度。教育信息化为传统的学校教育走向终生学习，使得民众终身受教育成了可能。学习方式的变革不仅仅是针对学生，所有的社会人都需要建立终身学习的态度，培养自主学习的能力，适应社会的飞速发展和时代的进步。

（2）信息技术与课程融合变革教学模式

在传统的教学模式中，教学系统里有教师、学生和书本。我们的教育改革进行了一轮又一轮，最终还是要在教学改革上下功夫，教学改革改什么呢？教学内容、教学手段、教学方法都在教学改革范畴内，我们的教学模式也同样在改革之列。变革传统的教学模式，使得教师、学生、教材、教学媒体这四个要素相互联系、相互作用，共同促进，达到良好的教学效果。

传统的教学模式是以教师为中心，教师是知识的灌输者和课堂的主宰者。学生在学习的过程中是外部刺激的被动接受者和知识灌输的对象。要变革这种传统的教学模式，构建新型"以学生为主体、教师为主导"的教学模式，首先得确定学生是学习过程的主体。学生是内因，是决定学习活动能否达到目的的根本原因。

充分发挥学生在学习过程中的主动性、积极性与创造性，使学生在学习的过程中真正成为信息加工的主体和知识意义的主动建构者。以教师为主导，教师是教学活动的组织者、指导者，由课前的备课、课堂的导入、重难点知识的精讲答疑、学生课堂内外的交流互动等，帮助学生学习。

（3）信息技术与课程融合变革教学组织形式

随着信息技术的发展，我们的现代课堂教学的组织形式已经发生了很大的改变。在信息技术的支持下，现代化教学环境的教学模式中多了一个因素——教学媒体。教学媒体作为一种新的媒介加入课堂教学之中。教师在教学过程中利用多媒体展示工具实现了丰富教学信息的呈现，我们的课堂变得有声有色，教学内容图文并茂。与此同时，教师和学生的交流互动形式也丰富了，基于信息技术的通信工具，例如，QQ、博客、微博、微信、各类教学平台、APP等通信手段，实现了教师与学生之间信息的多向传递，由文字交流到语音视频，这些信息技术所带来的变化已深入每一个课堂之中。[8]

教学模式中，教师不可缺少。在信息技术的影响下，教师群体的专业知

识拓展、专业素养的提升、教师的教研形式也发生了转变。在传统教学中，教师可以"凭一课本书打遍天下"，在信息化的今天已经绝无可能。信息时代的教育对所有教师都是一种挑战。知识呈现几何级的暴涨，高度的信息共享，获取信息的便利，教师原有的知识权威地位不再那么明显，学生可以通过各种途径去自主学习，了解教师所不了解的知识，那么就需要教师不断拓展知识广度和深度，不断提升个人的专业素养。在教师教研方面，利用信息技术手段和资源，诸如资源平台、网站、信息库等，教师更加便捷地获取信息，依托通信工具，开展远程教研，有利于教师实现更广层面的教研互动。

（4）信息技术与课程融合优化教学

信息技术与课程融合要以课程为出发点，信息技术与课程教学相互作用、相互影响。一方面教师和学生可以不断学习，了解和掌握某种技术，在教与学的过程中使用技术来优化教学。另一方面，信息技术的不断自我更新和发展，新的技术出现，功能更加完善，更趋于智能化。教育教学领域内，大量地使用新的技术，也促使了技术的普及和发展。信息技术与课程的融合，实现课程的教学目标，优化教师的教与学生的学为终极目的。不能简单地把信息技术当作一种演示工具，要利用信息技术改善教学环境，创建优质的教学资源，引导学生信息化环境下的探究式、协作式、自主发现式的学习，从而优化整个教学过程，提高教学的质量。信息技术与课程融合使得技术和教育教学相互促进、共同成长。

2.信息技术与课程融合的意义

信息技术与课程融合是指在现代教育理论指导下，在课程实施过程中把信息技术、信息资源、信息方法和课程内容有机融合，达成学科课程目标的一种新型的教学方式。它可以营造更理想的教学环境，以变革学习方式、变革教学模式、变革教学组织形式以及优化教学为终极目标。[9]

（1）信息技术与课程融合是全面实施课程改革的需要

全面实施课程改革是教育信息化的要求。新时代的课堂，与信息技术息息相关，以教育信息化带动教育现代化是我国教育领域的一场深刻的变革。

大力推进信息技术与课程融合，可以促进我国教学改革的创新发展。

《基础教育课程改革纲要（试行)》强调要把信息技术应用于教学过程中，并且要求在全国各基础教育课程中加大信息技术应用与教学过程的推进力度，能够在基础课程改革中大力推广并达到普遍应用的目标。[1] 信息技术应用与教学过程，将信息技术与学科的教学进行整合，在基础教育课程改革中实现教学方式的改革、教学内容以信息化的方式展示，课堂中的教学互动、师生问答等方式也将发生一系列的变化。为了促进课程教学改革的发展，信息技术与课程融合是全面实施课程改革的需要。

(2) 信息技术与课程融合是培养学生良好信息素养的需要

信息化是当今世界发展的潮流，以网络技术和多媒体技术为核心的信息技术成为学习的核心技术。信息化时代对人才培养提出了新的要求，培养具有终身学习态度和能力的人，培养具有良好信息素养的人，培养有良好适应能力和具有独立思考能力的人。这些核心要求正是信息技术与课程融合培养学生的目标。我们的学生要想在信息化的今天更好地掌握知识，就要先具备良好的信息素养，以适应信息社会带来的挑战。

传统的课堂学习中，学生是知识的被动接受者，教师单向地主导课堂，向学生灌输大量的知识，忽略了学生在学习过程中的主体地位，忽略了学生在学习过程中的主观思维活动。国家教育部颁布的《基础教育课程改革纲要(试行)》指出，要"改变课程实施过于强调接受学习、死记硬背、机械训练的现状"。信息技术与课程融合是要变革传统的教学模式，通过信息技术创设集文字、图形、音频、视频、动画等为一体的良好学习环境，为学生提供内容丰富、形式多样的学习资源。学生需要具有对信息进行获取、分析、加工、处理的能力。在学习过程中，学生学会探索知识、独立思考，养成自主发现问题、解决问题的能力，具备将纷繁复杂的海量信息内化为自我知识的能力。所有这些都体现在学生良好的信息素养上。对于信息化社会中的每一个公民，信息素养至关重要。

(3) 信息技术与课程融合是信息技术自身发展的需要

随着科学技术的飞速发展，信息技术已经渗透到了社会生活的方方面面。

信息技术深刻地影响着当今社会的发展。信息化时代对公民信息素养提出了前所未有的挑战。一个人能不能很好地适应社会发展，或者在社会发展的潮流中跟得上前进的步伐都和人本身的信息化能力密切相关。人的信息化能力如何获得？公民的信息化素养怎样培养？这些问题也都理所当然地要回归到我们的教育上。信息化时代对当前教育的发展既是巨大的机遇，同时也是空前的挑战。

信息技术与课程融合是改革传统教育的教学模式和探索创建新型教学模式、推进全民素质教育的重要途径。信息技术与课程融合顺应时代需求，是时代的召唤。世界各国都把信息技术与课程融合视为培养信息化人才的重大举措，当作新时代人才核心素养培养的重要途径。当前各国进行的各种教育改革，都将素质教育列为首要目标，这也是我们国家大力倡导的。教育模式改变了，教学质量提高了，公民信息素养提升了，这些都关系到我国教育事业的发展，关系到信息技术的进步。只有站在这一高度，才能更深刻地理解信息技术与课程融合的重大意义。

第四节　信息技术与课程融合的研究现状

1.国外研究现状

教育信息化的热潮遍布全球，各国都已经积极开展信息技术与教育的融合实践与研究。近年来，国外学者主要关注新技术在课程整合中的有效性运用、怎么才能提高学生的学习效率和教师在数字化环境下发展应当具备的能力和信息素养。美国、英国、澳大利亚、日本等发达国家的教育水平相对较高，学生信息素养也培养较好，信息技术与课程融合相应开展得广泛且有深度。

从全球视角来看，美国始终走在信息化建设的浪潮巅峰，也是最早开始进行信息技术与教育应用的研究与实践的国家。1959年，美国IBM公司开发了第一个计算机辅助教学系统（computer assisted instruction，CAI），信息技术跨入了教育行列。20世纪90年代初期，美国开始实施"国家信息基础建设计划"（national information infrastructure，NII），这一计划的目标也在将多元化的信息，计算机、通信、网络、各类平台资源等进行整合，以利于民众对信息的利用和获取。这一计划中也涵盖了对教育信息化的规划，提及电子课堂、网上学习、远程教学、视频资源、虚拟实验、电子图书馆、博物馆等。指出了通信技术对交流方式、学习方式的影响，认为 NII 可以实现美国教育系统的改革，促进无年龄差别接受教育、终身教育系统的实现，促进跨地区、跨种族的分享交流。自此美国教育信息化建设蓬勃发展。

1996 年，克林顿政府提出了教育技术行动，其中目标明确列出了要使得每一个学生都可以使用计算机，每一间教室接入互联网，整合教学软件到课程中。同年，美国联邦教育部提出了美国的第一份国家教育技术计划。这一计划也同样为信息技术应用于教学做出了重大的贡献。此计划列出了五方面的目标，从政府角度保障技术反映教育需求，保证所有学生和教师可以在教室、家庭、社区等场所方便地使用信息技术；政府提供教师必要的信息素养培训，以便教师可以很好地培养学生；学生有基本的信息技能，能够使用信息技术发现和解决问题；对新技术应用于教育教学进行研究和评估，以促进教和学的发展；大力发展高质量、高标准的数字化资源进入教育领域，使得更多的人享有公平的学习机会。

1997 年，美国联邦教育部新的教育发展规划出台——"1998—2002 年教育发展战略规划"。这一规划中就提到"到 2001 年，至少 50% 的教室能够将高质量的教育技术与学校课程整合"。2000 年，美国教育技术 CEO 年度论坛权威报告中也全面阐述了信息技术与课程整合相关内容。报告把数字化学习提到一个重要的位置，认为通过数字化学习可以解决教育不均衡问题，可以提高全民教育质量。报告将信息技术与课程整合的目标定位在将数字化内容与课程进行整合，通过整合达到良好的教育目标，培养学生良好的信息化素养。数字化内容与课程进行整合是否符合学习，要有一定的评测标准。为了使得数字化内容与课程进行整合处于良性向上发展，以适用于课程和学习的需要，应根据评测的结果而再进行调整。

2000 年就到了 1996 年美国联邦教育部提出来的第一份国家教育技术计划的结束年。经过四年多的发展，教育技术发展达到了预期的目标，教育信息化建设取得了一系列的成果。2000 年 12 月，美国联邦教育部发布了第二份国家教育技术发展计划。这一计划与第一份国家教育技术发展计划在目标方面有了很大的差异，尤其倾向于新的学习方式——电子化学习的推广。电子化学习（E-learning）定位在各种信息化学习的整合，充分体现信息技术的优势，实现无时间、无空间、无地域限制的在线学习。要求将信息技术体现到具体的学科教学过程中，进一步加强对教师的培训，更大程度上提高教师的信息化水平。对学生而言，信息技术的应用已经从课堂延伸到了家庭。在教学平台和教学软件方面，提出更高的要求。

时代步伐跨入 21 世纪后，随着信息技术的强势发展，美国的教育信息化发展也呈现更快速的发展。

2004 年美国联邦教育部又推出了第三份教育技术发展规划。在这一规划中重点提到美国未来在学校教育中发展信息技术应用的重点工作。突出体现在领导改革决策力、经费支持力、强化教师培训力、支持个性化学习力、鼓励宽带使用力、高标准的数字化资源建设力以及资源整合力。纵观整个美联邦教育部的三份教育技术发展规划，从 1996 年的第一份，到 2000 年的第二份，再看 2004 年的第三份报告，突出体现了推进信息化发展的决心，从硬件环境建设到软件平台资源建设进行了周全的规划。这为美国信息技术应用的发展与技术本身的进步都提供了巨大的帮助，整体上大幅度地促进了美国信息化的发展进程。

从美国教育信息化的角度来看，这一时段发展迅速，经过这么多年的努力，美国已经可以在世界教育信息化领域里做"领头羊"，并取得显著的成绩，让世人为之瞩目。在信息技术与课程的整合阶段还是要将信息技术应用于教学，信息技术被视为一种信息工具来辅助学习，例如，获取信息、传播信息、交流反馈等，基本停留在教师和学生获取信息利用资源的使用性工具方面。教师可以借助信息技术手段为课程准备大量丰富的资源，辅助与教师的日常教学。学生同样可以自主地使用计算机，实现交流互动、信息处理等工作，当然计算机游戏也成了学生使用计算机的一个强大诱惑因素。

在美国教育信息化浪潮的引领下，世界其他各国也纷纷开始本国的信息化建设工作。英国被认为是教育信息化发展较快的国家。英国有专门负责教育领域的通信与信息技术应用的部门——教育通信技术署。教育通信技术署为英国教育信息化提供建议和支持，制定信息技术教育的指导意见，促进相关工作的发展。1989 年英国在全国范围内发起了一项名为"计算机应用于教学创新"的教育信息化项目。这一项目实现的主要目的是在信息技术整合的前提下，推进高等教育的改革，涉及高等教育的教育模式、教学内容以及教学组织形式等。

英国政府向来十分重视信息通信技术（information and communication technology，ICT）在教育领域的应用。1998 年英国政府做了主题为"我们的信息时代"的政府报告。报告中指出教育信息化的重要性，政府规划要在教育领域率先实施信息化，通过教育的信息化培养公民必备的信息技能，学会利用信息技术，加强全民的信息化能力。政府要求大力强化一线教师的信息化教学能力，为教师提供信息技术应用的知识、技能以及信息化能力的支持。教师要了解如何在教学中利用信息技术实现教学目标，获取教学资源；教师要熟悉应用于教学中的信息技术工具，帮助学生掌握信息技能，辅助学生使用信息技术，组织学生参与信息技术教学，达到学生自主学习的目的，提高教师的专业技能。1998 年也被英国政府定为英国的"网络信息化年"。

到 2006 年一项调查数据显示，经过十多年的发展，英国的教育信息化发展快速，英国政府制定了一系列推进教育信息化的政策，并投入大量资金保障各类项目的推动，在欧洲处于比较发达的地位。值得一提的是，交互电子白板在英国的基础教育中已经开始普遍而有效地应用，对拓展课堂教学、提高教学成果收效明显。[10] 在信息技术与课程整合方面，调查统计显示英国教师也遇到了一些困难，大多数教师认可信息技术与课程整合对教学效果的优化，但也有少部分教师认为"教学效果不明显""所教授的课程本身不适合用计

算机"等。

查阅各类文献，我们发现美国、英国为代表的欧盟、加拿大等多个国家在 20 世纪 90 年代起都大范围地开展教育信息化建设。

亚洲国家的信息化教育，以日本和新加坡的发展较为突出。在此我们介绍日本的情况。日本在亚洲地区，信息化的发展水平相对较高。但是相比西方国家，亚洲地区整体信息化水平相对发展缓慢。1990 年，日本开始给各类学校配置计算机，制定了"教育用计算机"计划，而在 1994 年又更新了该计划，将配备的对象和目标范围扩大。在教师信息技术能力培训方面，日本政府给予了大力支持，从五个方面提供给教师培训的机会，让教师会使用信息技术设备，开设各类培训课程，如国家层面举办的培训课程、学校内部的培训、企业组织的培训，教师自发地研修学习或参加一些社会机构举办的学习培训。据统计，2005 年日本中小学教师中，掌握了计算机操作能力的人数已超过 95%。

综合上述的各国情况，由于国情的不同，各国的教育信息化水平发展不一，信息技术与课程整合的现状也都各不相同。但对于信息技术应用与教学的认识都是持鼓励和支持的态度，从整个国家的教育信息化重视程度来看，信息化软硬件环境的建设对信息技术应用与教学的认可、教师的信息技能能力培训和学生的信息素养的培养都起到了积极的推动作用。

2.国内研究现状

随着信息技术的发展，信息技术全方位融入社会各个领域的趋势愈发明显，可谓势不可挡。信息技术应用于教育领域是时代的召唤，也是时代进步的需求。信息技术在教育领域中的应用呈现日益增长的趋势。我国要想实现人才强国战略，必须大刀阔斧地实施教育改革与创新。

我国自改革开发以后，各项事业蓬勃发展，教育也喜迎发展机遇。我国政府在教育信息化领域投入了大量的人力、物力资源，给予教育信息化大量的政策支持，我国的教育信息化水平也随着信息化进步的趋势有了很快的提升。从信息技术应用与教育的发展历程来看，信息技术在教育中的应用和发展大体经历了四个阶段：计算机辅助教学阶段、计算机辅助学习阶段、信息技术与课程整合阶段以及信息技术与课程融合阶段。

我国在 20 世纪 80 年代到 90 年代期间，进行了大量的计算机教育、计算机辅助教学方面的实践和探索，十几年的历程中，从计算机教育走向了计算机辅助教学，但这其中还是存在一些问题，计算机应用于教学，主要还是对教学内容呈现方式的改变，利用计算机技术把原来的纸质内容变为电子化的内容。教学组织形式没有变，教学方式也没有变，基本只停留在"书本搬家"的阶段。在这一阶段，软件方面也暴露了众多的问题。其中较为明显的是，软件大多以内容演示类为主。一方面，软件开发人员不懂得学科教学，开发的软件不适合于课堂教学，不能在课堂上发挥应有的功能，教师在使用过程中受软件影响，教学并未达到理想的效果；另一方面，学科教师又不具备软件开发技能。所以在计算机辅助教学中，要想以教学软件为主要的辅助工具，使得软件能够和教学充分的融合，软件开发人员和学科教师的沟通至关重要。

自计算机辅助教学以来，我国学者进行了大量的尝试和研究。1998 年，我国中小学计算机教育研究中心最早提出了"信息技术与学科课程的整合"。于当年 6 月份，以课题组的形式开始相关研究。经过近两年的实践研究，2000 年 10 月，教育部召开了"全国中小学信息技术教育"工作会议。时任教育部部长的陈至立同志发表了讲话。讲话指出要开好信息技术课程，"要努力推进信息技术与其他学科教学的整合"，鼓励在其他学科教学过程中使用信息技术，"并把信息技术教育融合在其他学科的学习中"。[11] 在此次全国中小学信息技术教育工作会议后，全国大范围地兴起了"信息技术与学科课程的整合"的实践和研究浪潮。

2001 年 6 月，国家教育部印发了一个指导性的文件——《基础教育课程改革纲要（试行）》。在这个国家纲领性文件中明确表述了，而且观点鲜明地提出，要把信息技术应用于教学过程，并且要求在全国各基础教育课程中加大信息技术应用于教学过程的推进力度，能够在基础课程改革中大力推广并达到普遍应用的目标。信息技术应用于教学过程，将信息技术与学科的教学进行整

合，在基础教育课程改革中实现教学方式的改革、教学内容以信息化的方式展示，课堂中的教学互动、师生问答等方式也将发生一系列的变化。[1]

2002 年，西北师范大学南国农教授在其论文《教育信息化建设的几个理论和实际问题（上）》（电化教育研究，2002）描述了信息技术与课程整合的一些理论，这是该领域内较早的研究成果。

2002 年，李克东教授发表了论文《信息技术与课程整合的目标与方法》（中小学信息技术教育，2002）。李克东教授指出了信息技术与课程整合的特征，阐述了信息技术与课程整合与传统学科教学之间的关系，即两者间是密切联系又相对独立的存在。[3]

2008 年，何克抗教授出版了名为《信息技术与课程深层次整合理论》的专著。何克抗教授在著作中对教学信息化的内涵、我国教育信息化发展的现状、存在的问题、整合的目标、开展信息技术与课程整合的方法、教学模式、信息技术与课程整合对我国教育改革的重要意义等一系列的问题做了系统详细的阐述。[5]

2010 年 7 月，国家中长期教育改革和发展规划纲要工作小组办公室发布了纲领性文件《国家中长期教育改革和发展规划纲要（2010—2020 年）》（以下简称"《纲要》"）。

2012 年，国家教育部，制定了《教育信息化十年发展规划（2011—2020 年)》（以下简称"《规划》"）。[4]《规划》全面系统地阐述了我国教育信息化的现状与挑战，明确了教育信息化的发展目标，列出了为实现教育信息化这一目标的具体发展任务，给出了实施"中国数字教育 2020"的行动计划。《规划》第六章中明确以"推动信息技术与高等教育深度融合，创新人才培养模式"为标题，提纲挈领地把信息技术与教育深度融合列在国家级重要文件中，体现了信息技术与高等教育深度融合的重要性。《规划》指出"重点推进信息技术与高等教育的深度融合，促进教育内容、教学手段和方法现代化"。[5]

2016 年 12 月，上海市教育委员会发布《上海市教育信息化"十三五"规划》。[12] 在"十三五"面临的优势和挑战中，指出"信息技术与教育教学的深度融合创新是提升教育质量、实现教育均衡的重要手段"。在规划的建设目标中提出到 2020 年，上海市本市各级各类学校要完成对教育信息化基础应用环境的优化；推进信息技术与教育教学的深度融合，显著提升教师利用信息技术手段开展教学的能力；实现数据与资源深度融合共享。[1]

笔者在中国知网中以发表时间 2012—2017 年之间，以"信息技术与课程融合"为主题、篇名、摘要分别进行检索，检索到相关文章数量分别为 154 篇、32 篇、201 篇。其中 2012—2013 年，以"信息技术与课程融合"为主题，检索到的文章数量为 15 篇，以"信息技术与课程融合"为篇名的文章数量仅为 4 篇，以"信息技术与课程融合"为摘要的文章数量也仅仅为 24 篇。2014—2015 年，以"信息技术与课程融合"为主题，检索到的文章数量为 57 篇，以"信息技术与课程融合"为篇名的文章数量为 14 篇，以"信息技术与课程融合"为摘要的文章数量为 79 篇。2016—2017 年，以"信息技术与课程融合"为主题，检索到的文章数量为 82 篇，以"信息技术与课程融合"为篇名的文章数量为 14 篇，以"信息技术与课程融合"为摘要的文章数量为 98 篇。统计结果见表 1-1。

表 1-1　中国知网中检索"信息技术与课程融合"的结果

(单位：篇)

检索年份＼检索条件	主题	篇名	摘要
2012.1—2013.12	15	4	24
2014.1—2015.12	57	14	79
2016.1—2017.12	82	14	98
合计	154	32	201

分析以上数据可见，对信息技术与课程融合进行的研究成果有限。但是从 2012—2017 年总体上看，依然呈现逐年上升趋势。

从检索到的文章所研究的内容上来看，主要研究点分为以下三点。

第一，信息技术与具体学科的融合方式方法研究。这类的研究文章通过分析信息技术与课程融合的定义、研究的目标、具有的意义等方面，结合具体的学科特点、学习者需求，给出了一系列的融合方式方法。文章所涉及的课程比较广泛，其中以语文、数学、外语较多，同时也涉及化学、物理、美术、体育、政治、思想政治、通用技术等多学科。课程的学校类型几乎涵盖从小学、初中、高中、高职到大学层次。

第二，信息技术与具体学科的融合中存在的问题及应对策略研究。这一类型的文章重点是排查问题，给出应对策略。信息技术与课程融合的过程中存在诸多的问题，集中体现在以下几方面：学校或者教师认知不准确、信息技术与课程融合的理念错误或者落后；教师要开展信息技术与课程融合的软件和硬件资源得不到保障，无法开展有效的教学。教师的信息技术能力跟不上课程融合的实质性需求，不能在教学过程中引领和主导学生的学习；学生在信息化环境下，分散或者诱惑性因素较多，不能集中精力在课程学习中，学习效果不佳。在应对策略上面，学界的研究者也给出了大量的建议。杨金斌认为实现信息技术与课程融合要很好地依托课堂信息生态化。[13]郑瑞认为，信息技术与课程融合要从几个方面突破瓶颈，重点可以从教学设计、师生关系、技术选择等方面突破。[14]具体方法为树立全面的融合观，深化教师思想认识；优化教学设计，提升教学设计质量；准确定位师生角色，把握师生关系。

第三，针对信息技术与课程融合的理论性研究。相对上面的两种研究方法，对信息技术与课程融合的理论性研究篇幅数量相对较少。杨宗凯教授等认为信息技术与教育的融合经历了"起步""应用""整合"和"创新"四个阶段。信息技术的发展为教育信息化带来了机遇，技术促进了教育发展，技术革新了教育模式。技术给教育环境带来了巨大的革新。杨宗凯教授等认为，我国信息技术与教育的融合还处在初步应用阶段，要加速信息技术与课程融合，促进我国教育现代化进程，要全面更新认识，创新制度。[15]何克抗教授认为深度融合的实质与落脚点是要变革传统课堂教学结构——将传统教学结构中"以教师为中心"变革为"主导—主体相结合"。[7]教师不再是课堂的主宰，学生应该发挥学习过程中的主观能动性、创造性，在教学结构中应处于主体地位，同时也不能忽视教师主导作用的发挥。

国家逐渐意识到信息化教育所扮演的重要角色，意识到信息技术与课程融合的迫切需求，从国家层面通过文件、通知等下发了重要的工作指示，在信息化教育方面投入了大量的人力、物力、财力，但从信息技术与课程整合的提出到信息技术与课程融合的理念的推广，经过研究学者以及各级理念践行者的不懈努力，两者的成效在实践中慢慢体现，从学校的课堂教学来看，有改变但是离预期还是有一定的距离。从学校层面讲，随着技术的进步与发展，学校充实了大量的硬件资源，计算机设备、多媒体设备、网络一应俱全，这是硬件资源方面较好的体现。相对硬件资源，软件资源存在不同程度的缺乏的现象，软件资源的质量评估也面临着一个重要而又困难的问题。从理念的角度来分析，教师自身对信息技术与课程融合的理念还持有保守态度，一部分教师认可该理念，也有一部分教师不以为然，同时也有一部分教师认可理念，但是在教师实际的教育教学活动中并没有很好地以信息技术与课程融合的理念为指导组织课堂教学。在课堂教学过程中大量存在着坚持教师为主体的情况。信息技术与课程的融合停留在低层次的辅助课堂教学的工具层面，并没有将其深入地融合到课程实际教学当中。

综上所述，我国教育信息化在实践中发展，信息技术与课程融合也在不断探索中进步。但是也要认识到深入实施信息技术与课程融合还会有一系列的困难，课堂模式的变革、教师理念的改变、教师自身信息技术能力的培养、学生信息素养的提升等都需要在实践中不断地寻求解决方法和途径。

第五节　信息技术与课程融合的理论基础

任何的教学活动都离不开理论的指导。信息技术与课程融合的实践与研究都需要在先进的教育思想、理论的指导下进行。探索学习理论、教学理论对信息技术与课程融合的指导作用，可以更好地实现信息技术与课程融合的

目标。

学习理论主要研究人与动物的行为特征和认知心理过程。学习理论是信息技术与课程融合坚实的理论基础。对学习规律的探索过程中，国内外众多的学者进行了深入的研究，也形成了丰富的研究成果。本节将介绍主要的学习理论。

1.行为主义学习理论

行为主义学习理论又称"刺激—反应"（S-R，刺激：stimulus，反应：response）学习理论，产生于20世纪20年代的美国，其主要代表人物有华生、桑代克、斯金纳等。行为主义学习理论流派强调机械的、被动刺激与反应之间的联结，主张把外在的环境看作是刺激，把因刺激而产生的行为看作是反应，有什么样的刺激，就会有怎样的反应。[16] 行为主义者们关注环境在个体学习中的重要性，认为通过强化和模仿可以形成和改变行为。

行为主义的两个基础概念：

联结：如果两个事件不断地同时出现，它们将产生一种联系，以至于当只有一个事件出现时，另外一个没有出现的事件也会被记起。

强化：在斯金纳的操作条件反射中，强化是一种人为操纵，是指伴随于行为之后以有助于该行为重复出现而进行的奖罚过程。强化分为正强化和负强化。

行为主义学习理论强调客观环境因素对学习者的影响，认为学习是刺激与反应的联结，学习过程是一种渐进的过程，认识事物要由部分到整体；强化是学习成功的关键，学习应重知识、重技能、重外部行为的研究。行为主义学习理论启示我们学习者要想获得有效的学习效果，就必须及时给予强化。[16]

在行为主义学习流派中，有代表性的学习理论是桑代克的联结主义学习观、巴普洛夫的经典条件反射理论的学习观、华生的行为主义学习观、斯金纳的操作条件反射学习观。下面主要介绍桑代克的联结主义学习观和金纳的操作条件反射学习观。

桑代克是心理学史上最早进行动物心理学研究的人，他以动物为实验研究对象，系统研究动物的学习行为，把动物的学习研究方法用于人类。桑代克通过实验得出，学习是一个不断尝试与错误的过程，提出了学习的三大定律：准备律、练习律和效果律。他认为这三大定律也可以用作人类的学习。

斯金纳是行为主义学派后期成就非常大的心理学家，他在继承、吸纳了前人的研究基础上，建立对心理学和教育学影响较大的操作条件反射学说。斯金纳认为，一切行为都是由反射构成的，任何一种刺激反应行为都可以看作是反射。斯金纳特别强调"强化"的作用，他认为学习要成功的关键在于提供适当的强化。在教学中要适当地提供正向强化，消除或者回避负强化。

斯金纳指出，早期的行为主义只能解释人类行为的一小部分，他提出了另外一类行为，称之为操作性行为，因为他们是在环境中缺乏明显的无条件刺激物。和桑代克一样，斯金纳的工作主要集中在行为与其后果的关系上。斯金纳认为操作学习与反射学习是不同的。反射学习是刺激反应S-R的过程，操作学习是由刺激反应到强化刺激S-R-S的过程。重要的是跟随反应之后的刺激。行为主义学习理论为在实际的教学活动中有广泛的应用，尤其是对程序教学的思想影响最大，成为早期教学设计理论的基础。

2.认知主义学习理论

20世纪60年代起，认知主义学习理论逐渐兴起。认知主义学习理论逐渐代替行为主义学习理论，占据了主导地位。与行为主义学习理论不同的是，认知主义学习理论认为学习是一个比"刺激—反应"要复杂得多的过程，是个体作用于环境，而不是环境引起个体的行为。[16] 环境只是提供潜在的刺激，至于这些刺激是否受到个体的注意或是否被加工，取决于学习者内部的心理结构。个体可以根据自己内部的认知结构，对外在的刺激进行选择和加工。

行为主义学习理论认为个体的心理结构和认知结构在学习活动中起着非常重要的作用，该理论流派的代表性理论有皮亚杰的认知学习理论，布鲁纳的认知学习理论和加涅的信息加工理论。

布鲁纳是美国具有非常大影响力的认知学派代表人物，他认为学习是学生主动地形成认知结构的过程。他提出了"认知结构说"，认为人的认知活动

是按照一定阶段的顺序形成和发展的心理结构来进行的。学生不是被动的知识接受者，而是积极的信息加工者。[17]教师是学生学习情境的塑造者，帮助学生在学习活动中形成丰富的想象，鼓励和激发学生的好奇心。布鲁纳的发现学习思想对于开展信息化教学具有积极的指导意义。

以加涅为代表的认知加工学习理论侧重研究人脑学习加工知识的过程和规律。人脑究竟是如何加工处理信息的呢？人脑对于信息的处理类似于电脑。加涅根据信息加工理论提出了学习过程的基本模型，他认为，学习过程就是一个信息加工的过程，外界的各类信息，以光能和声能的形式刺激人体的感觉器官，感觉器官接收刺激后将其收入感觉登记器，然后进入短时记忆，接下来将信息编码进入长时记忆里存储。[18]长时记忆被假设为永久的存储仓库。

学生的学习受到外部条件的影响，教师要为学生的学习过程提供支持，使得外部条件能够给学习者以积极的影响，帮助学习者获得满意的学习效果。加涅的学习理论吸收了各种学习理论的观点，其学习理论的优点是把教学活动和理论研究相结合，在应用领域得到了很好的推广。

3.建构主义学习理论

建构主义（constructivism）学习理论是由行为主义发展到认知主义，而后在认知主义学习理论的基础上发展起来的。[19]通常会认为建构主义学习理论是受皮亚杰、布鲁纳和维果斯基理论等多方面影响而形成的。建构主义的核心可以概括为以学生为中心，强调学生对知识的主动探索、主动发现和对所学知识的主动建构。建构主义最典型的观点如下。

第一，认为"知识不是被动接受的，而是认知主体积极建构的"。即学习者对知识的获取，是靠学习者主体在一定的学习情境下，借助他人的帮助，利用学习资源，主动探索自主建构的，而不是由教师传授的。

第二，建构主义学习理论认为学习环境中的四大要素分别为"情境""协作""会话"和"意义建构"。[19]"情境"为帮助学习者的知识意义建构而创设的学习情境，该学习情境要有利于学习者对知识的意义建构。"协作"贯穿于整个学习过程中，是教师与学生之间、学习同伴之间共同学习的过程。

"协作"在学习过程中有重要的作用，例如，对知识的分析、学习资料的搜集、问题的解决、学习成果的评价等。"会话"在协作学习中不可缺少，教师与学生之间、学习同伴之间必须有，如果没有"会话"将无法进行沟通，无法进行问题的协商与讨论。因而"会话"是协作学习的基础，是达到知识意义建构的必要环节。"意义建构"是学习者在学习过程中，基于"情境""协作""会话"等环节后所期望实现的终极目标。[20] "意义"指的是事物的性质、规律以及事物之间的内在联系。建构主义学习理论的"意义建构"就是学习者在教师或他人的帮助下，根据自己已有的知识经验去建构要学习的知识，理解和领悟所要学习知识的具体内容、性质规律等。

第三，强调学习过程中学习者的主体地位。"以学习者为中心"主动参与学习，学生的角色不再是知识的被动接收者，知识的获取需要学习者主动建构。

第四，教师在学习过程中是引导者、帮助者，也是合作者。教师不再是知识的灌输者。教师要改变传统的教学模式理念，摒弃"以教师为中心"的思想，对教师提出更高的要求，在学生知识意义建构过程中，教师要帮助和引导学生更好的学习，达到对所学知识的深刻理解。

第六节 信息技术与课程融合的主要问题及对策

1.信息技术与课程融合的问题

信息技术与学科教学融合的实施是教育信息化的需求，是当前教育教学改革的必然要求，变革传统教学模式、优化教学效果的有效方式，是技术本身发展进步的客观需要，其实施是一个漫长的、不断探索的过程。下面从硬件建设、数字化资源建设、教师理念、学生学习方式等多方面来阐述主要存在的问题。

（1）学校数字化硬件环境建设水平参差不齐

信息技术与课程融合的实施与学校数字化硬件环境建设情况有密切关联。由于各个学校的实际情况各不相同，建设数字化校园的情况各有差异。主管

部门对优先建设教学需要的数字化平台的认识也不一致，这样也就使得信息技术与课程融合所依托的数字化硬件环境建设情况参差不齐。功能完善的数字化硬件环境，可以支持信息技术与课程融合的有效实施。同样，缺少了优良的数字化硬件环境，再谈信息技术与课程的深入有效融合也就会显得苍白无力。信息技术与课程融合不仅需要有效的数字化硬件环境支持，同时也离不开各种软件平台。只有搭建了高效的、适用性强的软件平台，硬件才能发挥更好的作用。

（2）教师信息化教学能力有待提高

笔者认为，在信息技术发展的背景下，教师的信息化教学主要体现在信息化教学的认识、信息化教学的设计、信息化教学的资源建设、信息化教学的技术发展、信息化教学的教学手段运用等多方面的能力。教师在教学过程中借助信息化教学的手段将信息技术融入课堂教学的全过程，是培养学生高技能和培育学生高素质的关键环节。教师信息化的教学能力与水平直接影响着学校教育信息化水平的高低。

当前，部分教师融入信息化教学改革的浪潮，紧跟时代发展的步伐，埋头研究新技术，勤练新本领，静下心来学习新工具，摸索信息化教学的思维方式。但是仍有部分教师缺乏信息化教学认识，躲闪甚至拒绝信息化教学改革，坚持使用一支粉笔、一本教材、一张嘴的传统教学模式，在教学或实训环节缺乏信息技术的引入。有的教师在教学过程中，全程使用 PPT 进行教学，对于微课程、慕课等新型教学资源不愿使用。信息化教学能减轻教师在教学过程中的负担，能够让教师在教学过程中提高工作效率、提升教学效果。但这并不仅仅是教师使用简单的幻灯片进行知识的讲解，而是需要将先进技术用于课堂，利用计算机网络技术、多媒体技术以及新型教学终端开展教学或实训，让学生在信息化教学的过程中了解技术、掌握技术，才能较好地对接企业需要，从而较快地适应工作岗位和任务需要。大部分教师能根据课程的实际、教材和教学经验，熟练地完成教学设计，但对于新入职的或者经验不足的教师，教学设计的要求和目标就要认真学习和领会。熟悉传统课堂教学方式的教师在信息化教学设计时也会出现茫然的情况，对信息化教学方案也不能完全理解。总体来看，教师信息化教学能力有待提高。

（3）数字化资源的建设与使用缺乏有效匹配

丰富适用的数字化资源有利于促进信息技术和学科教学的深层次融合。就目前情况来看，各类软件资源的建设开发是数字化资源建设中的主体。软件资源建设是硬件资源得以发挥作用的重要保障。具备先进功能且完善的硬件资源，但是缺少合理有效的软件资源，同样也发挥不出应有的作用。教师可以借助信息技术手段与各类软件资源平台，依据教学内容设计出因材施教的教学情境，设计并开发出与教学内容相吻合的教学资源，发布学习任务、章节测试和讨论答疑等内容，这有利于教师引导学生自主学习、协作学习等活动的开展。

然而，在当前信息化教学的大背景下，因为各种原因，绝大多数教师没有办法自主研发课程资源。主要原因分析如下：①绝大多数教师理解教育教学理念，掌握基本的计算机操作技能，但是不具备使用计算机开发软件平台的能力；②教师们因为平时工作量大，没有精力和闲暇时间深入研究数字化教学资源的建设问题；③对于数字化资源建设的平台或者软件不熟悉，费心费力所建设的资源应用到教学中，并未达到制作者的预期；④少部分计算机专业或信息技术水平较强的教师会组建信息化教学团队设计和制作自己的教学资源用于教学，但是这同样需要教师付出大量的时间和精力来完成。以上是我们从教师的自身情况出发，来分析数字化资源建设的问题。

就目前的情况来看，大多数学校还只是才引进各类成熟的数字化资源，例如，各种数字化平台、教学软件、教学系统等。也有部分教师从其他途径获取与教学内容相关的资源用于教学。从资源建设的人力问题和教师自身的时间成本来看，引进现有的资源是一个很好的解决途径。但是也需要看到新问题的产生，引进的资源往往由于开发人员并非懂得一线教师的需求，对教育教学理念不甚了解，所开发的平台依据开发人员程序设计的思想而建设。那么就会在开发者和使用者之间产生众多的不协调。在具体的平台使用过程

中，教师要么迎合平台的情况，迁就平台改变自己的教学设计，要么干脆舍弃平台资源而不用，甚至有的教师不愿意开展信息技术与课程融合的教学。诸如此类种种原因，数字化资源的建设和使用不匹配，在一定程度上影响了信息技术与课程融合的有效开展。

(4) 教师对信息技术与课程融合理念的认知还存在差异

教师对信息技术与课程融合理念的认知与态度直接影响着教师在具体的教学过程中实施信息技术与课程融合的程度。教师只有透彻理解了信息技术与课程融合的理念，树立了开展信息技术与课程融合的信心，教师才会主动地把信息技术与学科课程融合真正地贯彻并落实到实际教学中。信息技术与学科课程较好地融合起来，才能优化教学效果，培养学生良好的信息素养，提升教师信息化教学能力等多方面受益。

部分老师在信息技术与课程融合的理念还不透彻，在一定程度上还存在误区。对信息技术与学科课程融合所支持的教学模式认识不够，部分教师还是习惯了教师是课堂主宰，以教师为主体的教学模式，课堂教学过程中由教师一人"满堂灌"，而学生只是被动接受知识，忽视了学生个体在学习过程中的主体作用。部分教师虽然认识到了学生学习过程中主动学习的重要性，认识到了学生主体作用的发挥，但在实际教学中改变甚微。还有教师认为信息技术与课程融合就是要在课程教学中大量使用各种技术手段，尤其是以计算机、网络设备、多媒体设备为代表的各种技术，认为技术越多越好，在实际的教学设计中使得因技术而偏离教学主线的情况也大为存在。

信息技术与学科课程融合，对教师的信息技术能力和课堂设计能力提出了更高的要求，对课堂的主导作用体现得淋漓尽致。什么时候用什么技术更合理，什么样的资源或者呈现方式更适合相应内容的课堂教学，成为教师在教学设计中不可忽视的重要因素。

(5) 学生对信息技术与学科课程融合理念下的学习方式不熟悉

在信息技术与学科课程融合理念下，学生是学习的主体，教师在学习过程中发挥主导作用。在以学生为主体、教师为主导的教学模式下，要求学生积极发挥主观能动性，主动探索和发现知识，能够自主学习、协作学习。变革学生的学习方式是信息技术与课程融合的一个重要目标。

学习方式的形成不是一日可变的，需要一个改变的过程。在学生还没有形成自主发现学习、协同合作学习等方式之前，如果教师引导不到位，学生在学习过程中容易不知所措、迷失方向，变得不知道该怎么样学，影响到实际的教学效果。学生也会因为个性、年龄、认知习惯、学习基础等差异，对信息技术与学科课程融合理念下的学习方式无法接受。表现在学习过程中不能主动探索学习，过度依赖教师的教授，不能很好地完成教师安排的自主学习的内容，无法掌握所要求学习的知识。一些人际交往能力较弱、沟通技能缺乏或者羞于表达自己的同学，会在协作学习的过程中受到挫折，感受不到协作学习的乐趣，反而认为协作学习是一种负担，这就在很大程度上影响了信息技术与学科课程融合教学的效果。部分课程通过多媒体方式呈现，或者在电脑教室里面开展教学，隔着屏幕减少了教师和学生面对面交流的机会，学生的兴趣点容易被五花八门的网络信息、电脑游戏、各类即时聊天工具等吸引，从而分散注意力，不能全身心地投入学习中。对于年龄较小的学习者，在学习过程中对教师的情感依赖较明显，对着计算机设备学习的方式使得学生提不起兴趣，对学科知识缺乏学习兴趣。

2.信息技术与课程融合存在问题的参考性对策

(1) 进一步优化教学信息化环境

教学信息化环境（包括软环境与硬环境）是教师参与信息化教学改革积极性的重要影响因素。软硬件资源环境建设的滞后，在一定程度上限制和影响了信息技术与课程深度融合的实施。由此，学校应结合学校的课程需求、办学需要、专业特点和学科发展规划等，加快信息化硬环境建设，如建设多媒体教室、沉浸式教室、智慧教室，引入信息化管理平台、虚拟仿真教学系统和建设（VR）教学实训室。同时，也要营造信息化软环境。软件资源不充足，极大地影响了信息技术在学科教学中的融合效果。从教学平台、积件、优质课程资源包、教学包等多方面加大建设力度，同时也增加优质资源的共

享性。以此来减少教师在教学过程中资源建设的压力和工作量，而将更多的时间和精力用于教学设计与实际的课堂教学组织中，考虑如何能够更好地引导和培养学生的学习主动性和创造性，如何能够将教学的每一个环节更好地把控与管理，从根本上优化教学效果。

在"互联网+教育"的背景下出现了专业化的专门开发教材素材、教学资源的公司和专门针对教学过程提供服务的平台。学校可以引入优质的信息化、数字化的教学资源和教学服务平台，支持对教学活动进行评价。同时，结合地方特色、课程和学科特点，组建高水平的师资队伍，建设校本级信息化教学资源应用于日常教学。这样，便于促进网络教学与校本教学资源共同建设和协同发展。学生通过教学资源库和网络教学服务平台开展课前、课后的主动学习，教师则可以在课前发布下次课的教学内容、学习任务、教辅资料和参考资料，为学生自主学习提供更多的学习辅助资源；在课堂上，教师根据学生反馈的问题或疑问进行个别或有针对性的答疑；而课后，师生通过教学服务平台进行线下交流与互动，巩固教学知识点和操作技能。

(2) 加强教师信息技术及课程融合能力培训，提高教师的信息素养

针对教师的信息技术能力培养要从人力、物力、财力等多方面给予大范围的高力度的扶持，不仅提供内容系统、结构完善的信息技能培训，而且增加教师教学方法、课程融合等的强化训练。

目前，教师教学信息化能力的整体提升主要依赖于"送出去"和"引进来"两种培训方式。"送出去"参加培训的教师主要参加各类学会和教育机构承办的培训会议，教师能接触到先进的教学理念和教学方法。"引进来"的培训方式主要是邀请业界的教学能手或者教学有创新的专家来校开展培训。这类培训发挥了专家引领作用，有利于向所有教师灌输教学信息化的最新动态，整体提升教师信息化教学的认识和操作技能、学校教学信息化的水平和能力，促进信息化与常规化教学结合与运用。在教学信息化的培训过程中，教师重点学习最新的教学理念和教学方法、现代信息技术和信息技术在教学过程中的操作技巧与方法。这样，教师就把培训过程中学习到的内容与信息

化教学更好地结合起来，就能更好地解决实践教学过程的困难。

除了对教师在信息化教学认知和能力上加大培训力度，教师对教学理念和教学方法的培训也是非常重要的部分。如果仅仅是掌握了信息化教学技能，而对如何开展信息化教学的方式方法，如何将信息技术与课程教学进行很好的融合，如何引导和培养学生的信息素养等问题不了解、不掌握的话，培训的目的和效果就会大打折扣。基于不同学科有不同的特色，学科各有特殊性，对教师的信息化教学能力培训到一定程度后，可以考虑分学科进行信息技术与学科教学融合的细化培训。

（3）以赛促学，以赛促推

以赛促学意为以组织参赛为契机，组织教师学生主动参与信息技术与课程融合教学的实践中，主动学习、探索教学组织经验，优化融合方案，在实践中获得教学经验。以赛促推意为将参赛学习的经验方法进行推广，同时也形成很好的信息技术与课程融合的探索与实践氛围，吸引更多的教师和学生投身到教学实践中，让更多的教师受启发，更多的学生受益，这也就达到了推广学习的目的。

全国多媒体课件制作大赛、全国微课教学比赛以及全国职业院校信息化教学大赛有利于参赛教师和学校以高标准、高要求提升参赛作品的质量和水平，教学管理部门应该借参赛的机会，培养和训练一批信息化教学能力强、信息化教学技能过硬的教师组建信息化教学课程改革团队，以专业化团队为基础，建设专业课程和教学资源库，影响或吸引其他教师参加信息化建设，为广大教师实施信息化教学奠定基础。开展各类信息化教学比赛，如信息化教学名师评选、信息化教学先进班级评优等。这样，教师和学生在教学信息化环境的影响下，会逐渐增加参与信息化教学改革的意识和积极性。

（4）建立教学信息化教学能力提升的激励措施与保障制度

教学改革是一项任重道远的工程。从外在的客观环境因素到内在的主观人为因素都会影响这一工程的实施。建立科学、合理的信息化教学能力的激励措施是提升教师信息化教学能力的内在驱动力，是鼓励教师自愿和积极参

与教学能力提升的重要因素。只有教师在主观上意识到这项工程的重要性，主观上更加愿意投身到这项工程中，自觉自主地进行探索实践，那么信息化教学改革才会快速发展。教师具备明确的认知，树立了"功成必将有我"的信心，以这样一种责任心投入教学实践中，相信信息技术与学科教学融合的实践将会更加顺利。那么，对于在教学改革中勇于探索、勇于实践、勇于担当的教师，他们会很快融入信息化教学改革的浪潮，紧跟时代发展的步伐，埋头研究新技术，勤练新本领，静下心来学习新工具，摸索信息化教学的思维方式。从教学管理的角度一定要有适当的激励措施和保证制度。

建立和健全信息化的管理制度是延续和提升教师信息化能力的根本保障。立章为制，建立信息化教学长效机制，为勇于尝试和开展信息化教学的教师提供经费保障，为参与信息化教学改革、信息化教学活动和比赛的教师提供坚实的支持。

现代信息技术进入课堂，给传统的课堂教学带来革命性的变化。信息技术已经成为课程教学中的一个重要影响因素。在信息技术与课程教学融合中，要认清课程教学依然是主体，信息技术是为课程教学而服务。我们则要付出不懈的努力促进信息技术学科教学的融合。

参考文献

[1] 中华人民共和国教育部.基础教育课程改革纲要(试行)[EB/OL].http://old.moe.gov.cn/publicfiles/business/htmlfiles/moe/moe_309/200412/4672.html,2019-06-08.

[2] 南国农.教育信息化建设的几个理论和实际问题(上)[J].电化教育研究,2002,(11).

[3] 李克东.信息技术与课程整合的目标和方法[J].中小学信息技术教育,2002,(4).

[4] 中华人民共和国教育部.国家中长期教育改革和发展规划纲要(2010—2020 年)[EB/OL].http://old.moe.gov.cn/publicfiles/business/htmlfiles/moe/info_list/

201407/xxgk_171904.html?authkey=gwbux,2010-07-29/2019-06-08.

[5] 何克抗.学习"教育信息化十年发展规划"——对"信息技术与教育深度融合"的解读[J].中国电化教育,2012,(12).

[6] 中华人民共和国教育部. 教育信息化十年发展规划（2011—2020 年）[EB/OL].http://www.moe.gov.cn/srcsite/A16/s3342/201203/t20120313_133322.html,2012-03-13/2019-06-8.

[7] 何克抗.新课改 新课堂 新跨越——教育系统如何实现信息技术支持下的重大结构性变革[J].现代远程教育研究,2013,(04).

[8] 郑华君."互联网+"信息技术在高职教育中的运用[J].科技展望,2016,(13).

[9] 王荣良."中小学课程整合案例"的研究与实践[J].信息技术教育,2003,(06).

[10] 王晓平.英国经验:信息技术与课程融合促进课堂教学拓展[J].中小学信息技术教育,2007,(Z1).

[11] 中华人民共和国教育部.抓住机遇,加快发展,在中小学大力普及信息技术教育——在全国中小学信息技术教育工作会议上的报告[EB/OL].http://old.moe.gov.cn//publicfiles/business/htmlfiles/moe/s3332/201001/82097.html,2019-06-09.

[12] 上海市教育委员会.上海市教育信息化"十三五"规划[EB/OL].http://www.ict.edu.cn/laws/difang/n20161229_39987.shtml,2019-06-09.

[13] 杨金斌.信息技术与课程融合的困境与应对策略[J].中国教育信息化,2015,(6).

[14] 郑瑞,杨森.信息技术与课程教学深度融合的路径探析[J].软件导刊（教育技术）,2018,(2).

[15] 杨宗凯,杨浩,吴砥.论信息技术与当代教育的深度融合[J].教育研究,2014,(3).

[16] 石深敏. 多媒体技术条件下几何画板与高中数学教学有效整合研究

[J].软件导刊(教育技术),2011,(10).

[17] 陈汉良.大学英语认知教学探讨[J].教育评论,2010,(06).

[18] 范金刚,崔立中.表征对创新性信息加工的影响[J].中小学心理健康教育,2011,(04).

[19] 阳雨君.构建主义学习观与自主学习能力的培养[J].教育教学论坛,2013,(17).

[20] 张辉,张志刚.建构主义视野中的英美文学教学模式探索[J].中国成人教育,2009,(06).

第二章 信息技术与课程融合的教学模式

第一节 模式与教学模式

1.模式

模式，英文为 pattern 或 model，百度百科中解释为：模式是主体行为的一般方式，是理论和实践之间的中介环节。又有解释为某种事物的标准形式。我们经常见到教育模式、教学模式、学习模式、发展模式、商业模式、盈利模式、设计模式、建筑模式、管理模式、合作模式、驾驶模式等，举不胜举。可见"模式"一词应用的范围非常广，要正确理解这一词汇的含义，必须结合其具体的使用语境。

模式表征了一种形式上的规律，成为一种可参考的操作规范。模式之所以能够呈现，是通过人们大量的实践验证、重复操作后，而出现的相对稳定的结论。通过实践和时间的验证，把解决某种相似问题的方法，提炼总结、归纳整理，形成一种模式。模式也可以使用文字、图形、表格等多种方式记录下来，成为一种操作规范。

模式具有针对性、简明性、概括性、准确性、中介性的特征。

2.教学模式

教学模式具有模式的基本特征。教学模式针对教学，是对教育教学方式方法的一种概括和凝练总结。传统的教学论中关于教学模式的概念，有多种定义。谢幼如教授定义教学模式为在一定的教育思想、教学理论和学习理论指导下，在一定的环境中教与学各要素之间的稳定关系和活动进程的结构形式。

吴恒山认为"教学模式是在一定的教育思想指导下，为完成规定的教学目标和内容，对构成教学的诸要素所设计的比较稳定的简化组合方式及其活动程序"。[1] 张肇丰认为"教学模式是教师根据教育目的在不同教学阶段协调运用各种方法的动态系统"[2]。熊川武认为"教学模式是人们为了特定的认识目的，对教学活动结构所做的一种类比、假定、简略的特殊表述"。这一观点强调了学习目标，把教学模式视为一种理论表述，注重教学目标的设定，强调教师的主观能动性，把教学模式看作是对教学结构的表征。[3]

在百度百科中，教学模式是在一定教学思想或教学理论指导下建立起来的较为稳定的教学活动结构框架和活动程序。[4] 任何一个教学模式，不管该教学模式体现的是怎样的教与学的关系，其都能反映某种教学理论，是在某种教学思想的指导下的教学模式。教学模式是一种教学活动的结构框架，必须体现教与学活动的整体与参与到该教与学过程中的各个教学部件间的关系，以及体现各部件所发挥的各自的作用。把教学模式视为一种教学活动的程序，就要体现出程序的先后性、可执行性，体现教学活动的组织顺序。

教学模式的实施中要密切联系教学活动的实施情境，这里包含教与学过程发生的实际教学环境以及所使用的教学资源等。教学环境随着时代的发展也在不断地更新变化。传统意义上，我们认为教学环境主要是由教室、课桌椅、黑板、粉笔、书本等构成，而现代信息化时代的教学环境引进了更多的信息化元素，各种多媒体设备如投影、幻灯、教学平台、网络设备、教学软件、各种教学信息化资源等。教学情境贯穿整个教学过程中，影响着教学过程中各部件功能的发挥，同时也渗透在教学过程的每一个环节里面。对教师的教的效果，学生学的方式方法以及最终的学习收效都能产生一定程度的影响。

3.教学模式的特点

笔者认为，教学模式应具有如下几方面的特点。

（1）针对性

一种教学模式因其在一定教学思想或教学理论指导下，有着一定的教学目标。不难理解每一种教学模式都有其针对性，不存在适合所有情境的统一教学模式。教学模式的评价要依据其实施中所达到的最优教学效果。如何选择教学模式，不能一概而论。要考虑到指导教学模式的教学思想、实施情境，其指向的教学目标以及特点，充分认识到教学模式的针对性。

(2)可执行性

教学模式是一种教学活动的结构框架，也是一种教学活动的程序。参与教与学的教师和学生可以依据教学模式进行可执行的教学活动。这样的教学活动要依据指导该教学模式的教学思想和教学理论。教师与学生的教学过程要在该教学模式的框架中，教师的教学也就有了具体的教学行为指导，成为一种教学的依据。

(3)相对稳定性

通常情况下，教学模式在结构和内容上有稳定性，是在教学思想或教学理论指导下，经过大量的实践检验总结概括出来的，关于教学活动的普遍框架结构，具有稳定性。一个教学模式并不是针对具体的某一个学科，作为一种普适性的教学框架，其对各类学科都有一定的指导作用。但是教学模式也不是一成不变的。不难理解，随着教学思想的发展、教学理论的进步、教与学具体的实施环境的变化、教学方针政策的引导等因素，教学模式必定要随时代需求而更新，不断完善。固定不变的教学模式必定会被时代所摒弃。

第二节 信息技术环境下的教学模式

教学模式会随着时代的发展变化而进步更新。教学模式的更新是教学模式应用和发展进步的体现。一种教学模式在一定程度上反映了时代的特征，与时代的教育思想、教学理论和学习理论，时代的社会环境、科技能力、教育的方针政策等密切相关。

简要回顾源远流长的人类教育史书，我国早期的教育模式，最早当属孔子时期，口耳相传、耳提面命、有教无类成为一种教育模式。我国古代多个名言警句"学而不思则罔，思而不学则殆""不耻下问""温故而知新"等

都体现了这一时期教育的方式方法。随着社会生产力的发展进步，工业化社会的到来，对劳动者的技能要求更高，要求更多的人掌握生产技术，教育环境也发生了极大的改变。教育模式则主要以传授传播知识为主，体现在教授者大量地灌输知识，学习者处于被动机械式吸收学习。这一时期持续相当长的时间，历史的长河随着科技的进步滚滚向前，人类社会发展到信息化时代。

信息化时代以高新科技为代表，对劳动者的素质提出了更高的要求。教育环境发生了前所未有的变革。与此同时，教育学、社会学、心理学等多个学科的成熟与进步也极大地促进了教育的发展。传统教学中教师灌输学生被动接受式的教学模式已经不适应时代的需要，重视传授知识、忽视学生能力培养与发展，不利于培养创新思维和创新人才。发展以学生为主体，提倡和鼓励学生的主体性发挥，支持学生在学习中能够自主探索学习、学会学习、培养创造性能力。在这一时代背景下，教学模式则以自主探索学习为主，体现学生的学习主体。

信息技术的发展与科技成果普遍在教育领域内推广应用，尤其是当下互联网和数字化技术在教育领域的使用，从教学内容、教学方式方法，都为教学模式的改进和创新发展提供了强有力的技术支持。慕课、翻转课堂、微课、(SPOC)等都是"互联网+教育"的产物，对教育模式的优化起到了很好的促进作用。

了解信息技术环境下的教学模式的分类和特点，在实际的教学中，有利于认识和掌握教学模式的关键点，进而在实际教学中灵活使用。

信息技术环境下的教学模式的分类，从教学的组织形式来分，可以分为多媒体课堂教学模式、远程网络教学模式和混合式教学模式；从学习的方式不同来分，可以分为教师主导性学习、学生自主学习和"以教师为主导，学生为主体的学习"；从教学模式的特征来分，可以分为传统教学模式和新型教学模式。

信息技术环境下的教学模式的特点主要体现在以下几方面。

（1）信息技术在教学中大量的使用

当下多媒体技术和网络通信技术在教育领域的广发使用，成为教育教学改革的重要突破点，为教学模式的改进和创新发展提供了强有力的技术支持。新型的教学模式在教学中大量使用信息技术，例如：慕课、翻转课堂、微课、SPOC 等都是"互联网+教育"的产物，对教育模式的优化起到了很好的促进作用。在新型的教学模式中，信息技术支持下的主要教学媒体，由原来作为教师讲解的辅助工具转变为学生自主学习、探索知识的认知工具。

（2）教师主体作用的转变更明显

在传统的教学模式中，教师作为学习的主体，组织教学，学生被动地接受知识，忽略学生在学习过程中的主体作用的发挥。在新型的教学模式中，教师在教与学中的作用由原来的主体地位转变为主导地位。在教学中充分认可学生的学习主体地位，教师的主导作用，教师由原来的满堂灌式的讲解转变为组织学习的引导者、学生主动建构意义的促进者。

（3）学生学习主体地位进一步被肯定

传统教学模式忽视了学生的主体作用的发挥，而在新型的教学模式中，学生在学习过程中的主体地位被充分肯定。学生是学习的主体，鼓励和支持学生积极发挥主体性、创造性的学习，由原来的被动接受转变为主动参与，使学生成为学习过程中真正的认知主体。

（4）教学组织方式的大幅度改变

传统教学模式中，教学的组织方式是在教室中教师主讲，学生坐着听或者思考，教师在课堂上会努力将更多的知识讲解、传授给学生，教学方式多以讲授型为主。在新型的教学模式中，教学中教师为教学的主导，教师的重要任务是情境创设，引导学生学习与思考，组织学生交流讨论，启发学生自主探索知识。

（5）充分强调对学生能力的培养

信息化知识大膨胀时期，社会对公民终身学习的要求越来越高。一个人只有学会学习，掌握了学习能力才能不被不断发展进步、知识不断增长的时代所淘汰。那么时代对在教育中培养学生自主学习能力、创新能力、思维能

力、信息化交往能力等就愈发明显。信息技术环境下的教学模式充分强调对学生学习能力的培养。

第三节　信息技术与课程融合的主要教学模式

信息技术与课程的融合符合时代的需求，是我国教育现代化实现的必然需要，是信息化时代对教育改革的召唤。信息技术与课程融合并不是简单地将技术与课程进行单一叠加。教学组织和管理者都需要认识和把握信息技术与课程融合的教学模式。信息技术与课程融合的教学模式比较多，常见的有基于问题的教学模式、基于项目的教学模式、基于任务驱动的教学模式、基于资源的教学模式、基于网络的教学模式、探究学习、情境化教学等。随着科技的进步，教育信息化不断深入，信息技术与课程融合的教学模式也不断地更新优化，涌现出了一些新型的教学模式。

下面就以教学环境分类，介绍常见的几种教学模式：基于问题的教学模式、基于任务驱动的教学模式、信息技术支持的协作学习模式。

1.基于问题的教学模式

基于问题的学习（problem-based learning，PBL），又称为问题式学习，早期来源于医学教育，后来经过不断发展、修正被逐渐推广使用。基于问题学习教学模式是一种基于建构主义学习理论的学习形式。基于问题的教学模式通常是采用小组合作与学生自主学习结合的方式，从一个问题出发，为解决某个问题，不断找寻解决方案，在此过程中学习一些解决问题需要的知识，学生可以与同伴相互提供帮助，找寻学习资源，分析问题，获取知识，并用所学知识解决问题。在问题解决后，学生需要反思和评价，讨论解决问题使用的知识，解决的情况如何，是否达到解决问题的目的，该解决方案是否是最优解等，通过一系列的反思和评价，促进知识的获取和吸收，提升解决问题的能力。

基于问题的教学模式，学生主要是通过寻求解决问题的方式方法达到学习的目的，教师则要在教学过程中设计有针对性、有价值的问题，引导学生进入到问题解决、寻求知识的状态中。当学生遇到困难时，给予适当的提示与帮助，引导学生高质量的思考，对知识点深入理解，鼓励学生多进行反思与评价。

基于问题的教学模式的特征，有如下几点。

（1）问题是学习的出发点，也是知识的回归点

以具体的、真实的问题作为学习的出发点，激发学生解决问题的兴趣。问题的解决也成为知识的回归点，在解决问题的过程中培养学生分析问题、解决问题的能力。

（2）强调学生的小组合作与自主学习相结合

问题对学生来说经常是疑虑点或困难点，解决问题的过程通常是小组合作完成，体现出成员间的合作性。合作的同时，学生个体又需要自主探索问题的意识和能力，独立找寻资源、查阅资料、分析问题，而后将自己的学习所获与小组的成员进行交流分享，为小组共同的复杂性问题的解决贡献力量。

（3）教师是引导者，学生是问题解决的中心。

基于问题的教学模式中，教师在学习过程中是引导者和促进者，教师创设有意义的问题，启发、鼓励学生积极思考、解决问题，在学生遇到无法克服的困难时，给予适当的引导；学生是问题的解决者和意义的建构者，学生小组之间共享学习资源，分享学习成果，共同解决复杂问题，最终达到学习能力的提升和思维品质的提高。

（4）强调学习的反思和评价

基于问题的教学模式是以问题为出发点，强调学习的反思和评价，认为反思和评价在一定程度上比问题的结果更重要。在反思和评价中，学习者之间分享学习收获、交流学习心得，增加了学生的合作意识和团队协作能力。

信息技术与基于问题的教学模式融合的一般步骤为：

（1）教师创设情境，提出问题

教师可以使用多媒体软件、教学平台、网络资源等创设情境，让学生感

受到真实的情境。教师在引领学生进入真实情境后，进一步提出待解决的问题，这个问题一般有一定的复杂性，对学生而言有一定的挑战性，以此来激发学生解决问题的激情和动力。通常教师所设定的问题适于学生可以将其分解或者剖析为多个子问题，一方面便于学生练就和发展分析问题的能力；另一方面，在子问题逐一解决的基础上，逐步向待解决的终极问题靠拢，学生感受到解决问题的成就感，同时获取解决问题的基本知识和思维能力。

（2）引导学生分析问题

在上一步明确核心问题后，进入具体问题分析环节。教师需要引导学生逐步分解问题，形成小组合作解决问题，学生间能初步进行合理的问题分工。

（3）探究、寻求问题解决方法

学生以小组合作的形式厘清解决问题所需的信息，通过网络搜索、软件资源、信息平台等获取相关的知识。教师可以适当为学生提供帮助，引导学生以正确的方式顺利完成任务。

（4）对所收集的信息进行整合，形成最终解决方案

学生通过各种途径分工合作获取到解决问题的知识，要对所收集的信息进行分析、加工、处理，整合需要的资源，形成最终解决方案。

（5）反思和评价

问题最终的解决方案确定后，教师要组织学生进行反思和评价。可以使用的形式有多种，例如，小组内的交流、分享，也可以是班级内部多个小组之间的学习分享，还可以在网络交流平台上发表交流。教师要在这个环节积极参与学生的反思，对学生所分享的内容及时归纳、提炼，引导学生更深入的体会。评价可以是学生小组内成员的自我评价、班级各组间的互相评价、教师评价，也可以借助信息化的评价工具展开。在教学过程中，教师要监控整个学习过程，充分发挥各种信息技术工具，培养学生的自主探索能力、合作交流能力、问题解决能力以及思维能力。

2.基于任务驱动的教学模式

基于任务的学习，又称为任务驱动式学习。基于任务驱动的教学模式是

一种建立在建构主义学习理论基础上的教学模式。任务可以是一个需要解决的问题，也可以是一个待完成的项目。经常把基于任务的学习和基于项目的学习结合起来，两者没有明显的边界。

在基于任务驱动的教学模式中，任务是激发学生活动的中心，任务一般数量不定，可以是一个中心任务和围绕这个中心任务的多个子任务组成，学习者通常需要在逐个任务完成的同时获取知识和技能。基于任务驱动的教学模式强调对学生任务分解、分析问题、解决问题的能力培养。教师任务设置的过程要注意问题的难易程度，由易到难，引导学生逐层深入的学习，循序渐进地学习需要掌握的知识和技能。

任务驱动的教学模式基于建构主义理论，是一种常用的教学模式，其特点主要有如下几方面。

(1) 学生需要掌握的知识和技能体现在任务中

教师在任务设计的时候，要将要求学生掌握的知识和技能渗透到任务中。学生通过完成任务达到掌握所学知识的目的。一般学生完成任务，要通过自主探索知识、懂得前后知识的关联，找出完成任务、解决问题的核心点，最终以问题的解决和任务的完成为目的。

(2) 教师引导学生分析任务并深入学习

在任务驱动的教学模式中，教师要引导学生分析任务，把一个中心任务分解为多个子任务，体现解决问题的层次性和难易性。学生在学习的过程中，教师应该引导学生将任务不断地细化、深入学习。

(3) 学生可以采取自主探究学习与小组合作学习相结合的方法

学生要完成任务，要将自主探究学习和小组合作学习两种方式相结合。学生在完成任务的过程中要搜集信息、分析所获取的信息，对信息进行加工处理，整理为完成任务所需要的信息。学生要讨论交流，研究问题解决的方案，最终达到知识和技能学习的目标。

(4) 对学生成果的评价采用多元模式

在任务完成后，要对学生的完成情况给予评价。对学生成果的评价采用

多元模式，可以专家评价、教师评价、同学互评、学生自评等，鼓励引入一些信息工具进行评价，扩大评价的参与面。评价不仅是对学习成果进行评价，而且同时强调对学习过程的评价。[5]在多元评价过程中，将评价的结果结合起来，依据评价的内容，学生可以再一次反思任务完成的途径与收效情况，引导学生建立新的认知，由知识学习向能力培养转化。

信息技术与基于任务驱动的教学模式融合的一般步骤为：

（1）设定任务

学习的第一步是，教师要明确给出学生待完成的任务。什么样的任务是合适学生学习的，是否符合学生的知识水平，能否激发学生学习的动力，任务的难易性和复杂度都应该在此有充分的考虑。教师要事先预知学生在问题解决过程中可能遇到的困难。除此之外，教师要引导学生使用解决问题要使用的工具，例如，网络搜索、工具软件、交流平台、实验环境等。

（2）师生共同分析任务

中心任务明确后，教师要带学生一起分析任务，提供一些解决问题的线索与思路供学生参考。厘清中心任务与分解的子任务间的逻辑关系，引导学生对任务目标有清晰的认识。

（3）"学生主体—教师引导"合作完成任务

学生个体、学习小组、教师共同组成了问题解决的团队。学生需要自主探究学习任务，把探究成果与小组同学分享交流，根据小组讨论的情况，各小组成员再分头去搜寻资源，寻求解决办法。教师是问题解决的引导者，要在合适的时间给学生一定的指导，以确保学生的任务顺利完成。教师在学生提出疑问时给学生方法和解决思路上的提示与帮助。

（4）成果展示与评价

在核心任务完成后，教师需要组织学生将学习成果进行展示交流，开展成果评价。学生使用各种认知工具和信息资源来表达观点，支持学习。通过学生的自我评价和小组间的互评，让学生再一次对问题加深理解，明确各种途径的不同，学习别人的长处，修正自己的不足。教师评价要公正客观，看到学生处理问题的优缺点，充分肯定优点，明确指出不足，点拨学生，使学生形成思维方法和知识结构。

3.信息技术支持的协作学习模式

协作学习（collaborative iearning，CL），20世纪70年代在美国兴起，是一种个体与他人之间形成学习小组或学习团队的形式，成员间相互合作、共享信息、共同协作，完成学习任务的教学形式。协作学习的基本组织形式是学习小组，学习活动是小组共同完成的，以小组为主体，强调小组间的相互帮助，成员间关系融洽，相互依靠。协作学习中，小组以共同目标为导向开展互助合作，个人学习的收获与小组中的其他成员密切相关，同时小组的成功离不开每一个成员的努力。教师在协作学习中是引导者，监控学习活动的展开情况，检查学习效果，需要时为学生提供帮助。在学习结束时，教师要对学习做出评价。

信息技术尤其是多媒体、互联网、通信技术等的飞速发展极大地促进了教学模式的优化与更新。就协作学习而言，互联网技术实现了人们跨时空、无地域限制的沟通和交流，极大地方便了协作学习的组织，提高了成员间的沟通效率，在信息获取、分析、加工、处理等多个方面提供了有利的帮助，使得协作学习更加高效。信息技术促进了协作学习的发展。

信息技术支持的协作学习（information technology support collaborative learning，ITSCL）是以多媒体计算机技术和网络通信技术为技术核心，多个学习者之间交互良好、协作融洽的群体协作学习，以达到对学习内容较好的理解和掌握为目的的一种教学模式。它利用计算机网络建立协作学习环境，使教师和学生、学生与学生之间在协作和交流的基础上进行学习。

信息技术支持的协作学习是一种信息化的教学模式，其特点主要有如下几方面。

（1）开放的时空环境

信息技术支持的协作学习模式突破时间和空间的限制，学习不再限定于教室之中。信息技术支持的协作学习模式摆脱了在教室内协作学习时，教师

对协作的无形掌控和布置，转换为理应存在的参与和指导的性质。协作的范围由于网络的存在，由原本的协作限于同学之间、班级间或者同一学校，扩大到不同学校间、不同城市，也可能发生在不同文化背景的异国学生间。这样的协作环境更有利于不同的学习观点、不同的学习收获的分享和交流，在一定程度上促进了学习的效率。

（2）丰富易得的学习资源

信息技术支持的协作学习模式有丰富易得的学习资源。在学习资源方面的这一特点，源于网络技术、通信技术、数据库技术、虚拟现实等众多的信息化方式的支持。资源包括学习者在学习过程中需要的丰富的文字、图片、声音、视频等多种信息，与任务完成相关的多种资料，来源于协作圈支持的各种知识、经验，以及网络环境下的各种学习平台、交流社区、教育网、数字博物馆、电子图书馆、虚拟现实的实验室等。在众多丰富资源的支持下，学习者解决问题的方式方法将多样化。信息技术支持的协作学习模式易于向协作小组充分展现问题的全面，创设逼真的问题情境，让学习者深入体会问题，尤其是对一些复杂环境的模拟，例如，天体环境模拟、核反应堆、深海探秘等复杂问题，可以通过信息技术支持的软硬件仿真模拟，虚拟实验室等创设情境，用于激发学生体会情境，积极思考、发现探索，促进知识的意义建构。在协作学习中可能面临的各种困难和挑战，也会在资源的支持下较好地完成。

（3）优秀的交互环境

信息技术支持的协作学习模式区别于传统教室环境下的协作学习，其协作的建立是以信息技术手段为基础，借助计算机技术搭建的协作学习平台。学生间的协作、教师的作用都依托协作学习平台进行，和学生不能脱离此平台实现学习目标。网络即时交流平台、交流社区、视频会议、聊天室、电子邮件、公告板、电子白板等都将是协作学习方便开展的有力工具。这就保证了跨越时间、空间障碍的学习之间的"无障碍"会话和协作，有利于目标的完成，知识的有意建构。网络即时交流平台、社区的广泛使用，也使得学习者在遇到困难和学习窘境时，方便地得到社会支持系统的帮助，从情感上保持积极向上的求知热情，勇于探索知识。

（4）小组讨论式的评价方式

协作学习模式下，一段学习结束之后，要对学习的情况评价。一般是在小组成员之间，通过集体讨论的方式进行学习效果的评价。评价过程是学习过程的一个重要环节，评价也是让学习者对学习内容的再反思，通过评价反思，发现新的问题，产生新的认识，使得小组成员可以加深对学习内容的认识和理解。

一般在评价过程中，小组需要将自己的学习成果进行小组间的展示。信息技术支持下的协作学习模式中，小组展示学习成果可以以网页、幻灯片、音频、视频等多种辅助形式相结合的方法，对自己的学习成果进行讲解展示。在整个展示过程中，根据展示小组的讲解情况，老师、其他小组成员，或者协作学习小组内的成员都可以就展示或讲解的内容的存疑提问，并要求展示者给出解答。在展示和问答结束后，其他小组成员对展示组进行评价。在整个协作学习过程中，教师是学习的指导者，评价环节教师需要对整个评价过程进行监控，保证评价的有序正常进行，对各个小组的学习成果以及其小组在本次协作学习中的优缺点进行总结。

（5）灵活多样的学习者分组方式

协作学习的根本在于协作关系的各小组间面对共同的目标，相互帮助，共同解决问题。基于信息技术的协作学习过程，与传统的主要发生在教室内的协作学习，在学习者分组方面有较大的灵活性。在传统的协作学习中，学生的分组大多就发生在同班同学之间，学习者的学习背景相似，知识能力、水平接近。基于信息技术的协作学习，小组成员的来源范围明显宽泛。学习小组的组建，可以通过网络完成。学习者可以是班级内的同学，也可以是不同校不同班的学生，还可以是来源于互联网上的其他学习者。所有参与协作小组的学习者，都是为了完成某个特点的目标而结成的协作伙伴关系。在人工智能技术的支持下，协作学习的成员甚至可以由机器人、计算机担当。小

组内的成员分工、任务调整、参与人员的调整都可以用通过网络实现。

信息技术支持的协作学习教学模式的一般步骤为：

（1）明确学习目标

明确学习目标，是让学习者清楚要达到什么样的预期效果，也是学习结束后考量学习任务完成情况的标准。学习目标的设定要符合学生的实际情况和教学的实际需要。如果学习目标定位太高，学生通过努力没能完成任务实现目标，那么学生会有较强的挫败感，不利于激发学生的学习积极性。相反的，如果学习目标定位过低，也达不到学习的效果。在明确了学习的总体大目标后，就要把大目标分解成一个个小目标。小目标和大目标之间是密切关联的，多个小目标逐个实现的最终结果就是终极大目标的完成。

（2）分析学习者特征

学习者特征分析一般要考虑几个因素：年龄、性别、兴趣、爱好、学习能力、学习风格、学习动机等。在基于信息技术支持下的协作学习中，通过计算机软件收集学习者的多种特征数据，对收集到的数据信息进行加工整理，得出学习者特征的明确信息，以利于后期的小组分工。

（3）组建学习小组

在协作学习中，小组的组建与小组的组织结构尤其重要。在传统的协作学习中，小组的划分可以在教师的指导下进行，也可以是学生自愿结合。通常可以采用两种方法，一种是依据学习者的学习风格和认知水平进行分组；另一种是依据学习者的兴趣爱好。[6] 在基于信息技术支持下的协作学习中，小组的组建可以借助教学平台，依据计算机软件获取学习者特征的明确数据，由计算机智能分配、组建学习小组。小组的结构不是一成不变的，可以在学习活动过程中根据目标任务的变化随时更改小组结构。

（4）创设学习环境

协作学习是在一定的情景中进行的。协作学习环境的创设，对于学生学习的成功与否有着密切的联系。良好的协作学习环境，有利于提高协作学习的效率。[7] 教师在协作学习中处于指导性地位，参与到协作学习中，可以根据协作学习的目标、任务，协作成员的个性特征等，创设一定的学习环境。在多人协作的情况下，信息技术支持的协作学习者以计算机网络为工具与他们进行协作，例如，成员之间可以利用通信工具、平台，如 QQ、MSN、微信等即时分享经验、提出建议和意见，成为协作学习中的相互指导者。

（5）设计信息资源

任何学习都建立在学习资源的基础上，协作学习同样需要借助一定的信息资源。在信息技术支持的协作学习中，可以借助互联网、数据库、各类电子资源、专题网站、案例库中检索、获取信息，可以是学习者在学习过程中需要的丰富的文字、图片、声音、视频等多种信息，与任务完成相关的多种资料，来源于协作圈支持的各种知识、经验。为了提高协作学习的效率。成员之间可以分工去获取资源，然后再将获得的资源进行分享。

（6）设计学习活动

协作学习活动的设计是协作学习的主要组成部分。协作学习活动主要围绕学习内容展开，并根据学习内容的不同而采用不同的活动方式。[8]

（7）评价学习效果

根据协作学习的特点，评价多以小组之间的终结性评价为主，也评价小组成员在协作学习过程中的表现。评价注重过程[8]。

随着对信息技术理论、方法、教学模式理论等的深入研究，教育信息化程度的不断深入与推进，信息技术与课程融合理念支持下的教学模式不断丰富和发展，形成了多种新的教学模式。这些教学模式都涉及信息技术在教育教学活动中的应用，从深层角度分析又各有不同。

4.翻转课堂教学模式

（1）翻转课堂教学模式定义

翻转课堂式教学模式，是指学生在课前或课外观看教师的视频讲解，自主学习，教师不再占用课堂时间来讲授知识，课堂变成了老师与学生之间和学生与学生之间互动的场所，包括答疑解惑、合作探究、完成学业等，从而达到更好的教育效果。

（2）翻转课堂教学模式的特点

利用视频来实施教学，在多年以前人们就进行过探索。在 20 世纪 50 年代，世界上很多国家进行的广播电视教育就是明证。为什么当年所做的探索没有对传统的教学模式带来多大的影响，而"翻转课堂"却备受关注呢？这是因为"翻转课堂"有如下几个鲜明的特点。

①教学视频短小精悍

不论是萨尔曼·汗的数学辅导视频，还是乔纳森·伯尔曼和亚伦·萨姆斯所做的化学学科教学视频，一个共同的特点就是短小精悍。大多数的视频都只有几分钟的时间，比较长的视频也只有十几分钟。每一个视频都针对一个特定的问题，有较强的针对性，查找起来也比较方便；视频的长度控制在学生注意力能比较集中的时间范围内，符合学生身心发展特征；通过网络发布的视频，具有暂停、回放等多种功能，可以自我控制，有利于学生的自主学习。

②教学信息清晰明确

萨尔曼·汗的教学视频有一个显著的特点，就是在视频中唯一能够看到的就是他的手，不断地书写一些数学符号，并缓慢地填满整个屏幕。除此之外，就是配合书写进行讲解的画外音。用萨尔曼·汗自己的话来说："这种方式，它似乎并不像我站在讲台上为你讲课，它让人感到贴心，就像我们同坐在一张桌子面前，一起学习，并把内容写在一张纸上。"这是"翻转课堂"的教学视频与传统的教学录像的不同之处。视频中出现的教师的头像以及教室里的各种物品摆设，都会分散学生的注意力，特别是在学生自主学习的情况下。

③重新建构学习流程

通常情况下，学生的学习过程由两个阶段组成：第一阶段是"信息传递"，是通过教师和学生、学生和学生之间的互动来实现的；第二个阶段是"吸收内化"，是在课后由学生自己来完成的。由于缺少教师的支持和同伴的帮助，"吸收内化"阶段常常会让学生感到挫败，丧失学习的动机和成就感。"翻转课堂"对学生的学习过程进行了重构。"信息传递"是学生在课前进行的，老师不仅提供了视频，还可以提供在线辅导；"吸收内化"是在课堂上通过互动来完成的，教师能够提前了解学生的学习困难，在课堂上给予有效的辅导，同学之间的相互交流更有助于促进学生知识的吸收和内化。

④复习检测方便快捷

学生观看了教学视频之后，是否理解学习的内容，视频后面紧跟着的四到五个小问题，可以帮助学生及时进行检测，并对自己的学习情况做出判断。如果发现几个问题回答得不好，学生可以回过头来再看一遍，仔细思考哪些方面出了问题。学生对问题的回答情况能够及时地通过云平台进行汇总处理，帮助教师了解学生的学习状况。教学视频另外一个优点就是便于学生一段时间学习之后的复习和巩固。评价技术的跟进使得学生学习的相关环节能够得到实证性的资料，有利于教师真正了解学生。

(3) 翻转课堂教学模式的优势

①"翻转"让学生自己掌控学习

翻转课堂后，利用教学视频，学生能根据自身情况安排和控制自己的学习。学生在课外或回家看教师的视频讲解，完全可以在轻松的氛围中进行，而不必像在课堂上教师集体教学那样紧绷神经，担心遗漏什么，或因为分心而跟不上教学节奏。学生观看视频的节奏快慢全在自己掌握，懂了的快进跳过，没懂的倒退反复观看，也可以停下来仔细思考或做笔记，甚至还可以通过聊天软件向老师和同伴寻求帮助。

②"翻转"增加了学习中的互动

翻转课堂最大的好处就是全面提升了课堂的互动，具体表现在教师与学生之间以及学生与学生之间。

由于教师的角色已经从内容的呈现者转变为学习的教练，这让教师有时间与学生交谈，回答学生的问题，参与到学习小组中，对学生的学习进行个别指导。当学生完成作业时，教师会注意到部分学生为相同的问题所困扰，于是就组织这部分学生成立辅导小组，往往会为这类有相同疑问的学生举行小型讲座。小型讲座的美妙之处是当学生遇到难题准备请教时，教师能及时地给予指导。

③"翻转"让教师与家长的交流更深入

翻转课堂改变了教师与家长交流的内容。多年以来，在家长会上，父母问得最多的是自己孩子在课堂上的表现，比如：安静地听讲、行为恭敬、举手回答问题、不打扰其他同学。这些看起来是学习好的特征，教师回答起来却很纠结。在翻转课堂后，这些问题不再是重要的问题。现在真正的问题是：孩子们是否在学习？如果他们不学习，教师能做些什么来帮助他们学习呢？这些更深刻的问题会带领教师与家长商量：如何把学生带到一个环境，帮助他们成为更好的学习者。

(4) 翻转课堂教学模式的实施

①基于教师个人"微视频"的翻转课堂模式

教师个人亲自制作教学"微视频"就是翻转课堂的提出者——美国化学教师乔纳森·伯尔曼和亚伦·萨姆斯的模式，教师在课前利用时间制作"微视频"（一般时长为5～10分钟），在"微视频"中对上课所要传授的记忆性知识进行讲解，使学生在上课之前对该节课的基本知识有所了解，使得这部分学生自主学习的内容课前完成，为课上节省时间，在课堂上主要进行实验、探究活动和答疑解惑工作。

在翻转课堂中，教师和学生的角色定位发生了变化。教师从传统课堂中的知识传授者和课堂管理者转变成为学习指导者和促进者，学生则由被动接受者转变成为主动研究者。翻转课堂通过对学习时间的重新分配，给予学生更多自主支配的时间，使学生根据自己的步调控制各自的学习，真正做到学习向学生的回归，体现学生学习的主体性；同时，与传统教学模式相比，教师角色也发生了很大的转变，教师逐渐由知识传授者向教学资源开发者、教学帮助者、指导者转变。

当然这种翻转课堂的教学模式相比下面要介绍的两种有一个最大的限制条件——教师制作"微视频"的水平和能力，由于一些教师没有经过专业的教育视频的制作培训，要针对具体科目制作出合格的视频，是个很难的任务。当然这个问题是可以通过专业的练习解决的，并且制作视频的过程是一个教师个人水平和能力提高的过程。

②基于电子书包的翻转课堂模式

不同的技术对课堂提供的支持能力是不一样的，这是由技术本身具有的教学功能决定的。最近几年出现的电子书包很好地实现了个别化的多媒体组合，它允许学习者在集中学习的基础上，在课外按自身需要开展个别化学习。作为学生的个人学习平台，电子书包改变了学习者大脑与学习世界的接触方式。

电子书包提供的结构化知识、海量资源及随时接入网络、与他人沟通的功能，为学习者带来有关学习的支持，其优化组合的效果要超过以往的多种媒体组合，能近乎全方位地满足学习者的学习需要。

该教学模式以学生为中心，电子书包作为提供核心技术支持的手段，帮助学生观看教学视频，并建立学生与工具、资源的联系，以获得更多的学习支持。在翻转课堂中，教学视频起着中心结点的作用，教师以高度指向某一知识点的视频片段为凝结核，将学生和知识联系在一起。

③基于"MOOCs"的翻转课堂模式

"慕课"的全称是"大规模开放在线课程"（massive open online courses，简称MOOCs）。它与以往的网络开放课程有较大区别之处在于以下两点：一是强调"互动与反馈"；二是倡导建立"在线学习社区"。

在以往的网络公开课中，学生往往处于被动接受状态，教师与学生之间、学生与学生之间缺少交流与反馈，所以没有参与感。而MOOCs通过在授课视频中穿插提问、随堂测验和开展专题讨论，并鼓励学习者利用QQ、社交网站及其他个性化学习工具主动浏览、获取相关信息与学习资源等方式，大大增强课程实施过程中的交流、互动与反馈。与此同时，MOOCs还积极鼓励、倡导学习者在参与慕课的过程中（尤其是在完成作业或专题讨论的过程中），形成各种"在线学习社区"，在不同的社交网站上构建起互助、协作、交流的亚群体，并随着亚群体人员的聚集、学习社区的不断扩大，进一步衍生出与本课程相关的网站和资源库。

参考文献

[1] 吴恒山.教学模式的理论价值及其实践意义[J].辽宁师范大学学报(社

会科学版),1989,(03).

　　[2] 张肇丰.教学模式的概念、类型及其应用的条件[J].教育研究,1991,(01).

　　[3] 熊川武.教学模式实质说[J].教育研究,1993,(06).

　　[4] 李苇.主题式教学模式在"影视欣赏心理学"中的应用和实践[J].遵义师范学院学报,2019,(01).

　　[5] 赵沁.英语课堂教学促进学生参与的策略分析[J].辽宁行政学院学报,2011,(09).

　　[6] 王鹏飞.基于Linux课程群的协作学习模式构建与实施方案[J].计算机时代,2011,(10).

　　[7] 付先军."主-辅"教学系统设计[D].济南:山东师范大学硕士论文,2005.

　　[8] 王桂兰. 让协作学习走进信息技术教学 [J]. 电脑知识与技术,2011,(30).

第三章　信息技术与课程融合的教学设计

第一节　教学设计概述

　　每一位教师在进行一门课、一个章节、一个知识点教授时，都需要对即将要开展的教学活动进行精心设计，制定出科学合理的教学计划。教师在进行教学活动之前，不能无计划地随意发挥，不是想到哪里就说到哪里。教师所做的这些工作通俗地讲就是在做教学设计。古人言："凡事预则立，不预则废。"教学工作更不能马虎。理解和掌握教学设计的理论，首先我们需要思考一些问题，如什么是教学设计，为什么要掌握教学设计，教学设计的原则、基本特征，如何做好教学设计等。与之相关的问题，人们在不断实践研究中有了一定的收获，我们再次分析相关问题，引领人们进一步地探索问题，寻求对教学设计更理性的认知。

1.什么是教学设计

　　与教学设计类似的，人们耳熟能详的词汇，如发型设计、服装设计、程序设计、工业设计、艺术设计、产品设计等，体现的是一种相关的技能。教学设计也就是与教师从事教学工作相关的一种技能。好的教学设计是教学成功的一半。对于教学设计的定义，国内外学者对教学设计有不同的观点。

　　美国教育心理学家加涅（Robert Mills Gagne，1992）在《教学设计原理》中指出："教学是以促进学习的方式影响学习者的一系列事件，而教学设计是一个系统化规划教学系统的过程。"[1] 在分析加涅的教学设计定义时，他把教学设计看作是一个系统过程，有对教学问题的深入分析，针对问题设计解

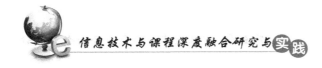

决方案，实施执行解决方法，而后评价执行的结果。前一个环节是后一环节的基础，强调有序开展教学活动的系统性，并且教学活动的开展以有利于学习为宗旨。

美国学者肯普（J.E.Keep，1994）提出："教学系统设计是运用系统方法分析研究教学过程中相互联系的各部分的问题和需求，确立解决它们的方法步骤，然后评价教学成果的系统计划过程。"[1]肯普的教学设计模型——肯普模型，提出教学的四个基本要素包括教学目标、学习者特征、教学资源和教学评价，这些要素是构成教学设计的总体框架。教学设计中要解决的三个主要问题是学生必须学习到什么，为达到预期的目标应如何进行教学，检查和评定预期的教学效果。

史密斯和雷根（P.L.Smith 和 T.J.Ragan，1999）等认为："系统地将学习理论与教学理论的原理转换成对教学资料、教学活动、信息资源和评价的具体计划的过程就是教学设计。"[1]史密斯和雷根还提出了史密斯和雷根教学设计模型。该模型强调对教学策略的选择。

帕顿（J.V.Patten）认为："教学设计是对学业业绩问题的解决措施进行策划的过程。"该定义则强调教学设计应把教与学的原理运用于计划或规划教学资源和教学活动，以有效地解决教学中出现的问题。"

梅瑞尔（David Merrill）将教学设计定义为："一种为促进学生掌握知识技能而创设和开发学习经验和学习环境的技术。"该定义强调教学设计应侧重于对学习经验和学习环境的设计与开发，以创设一种高效率的，具有强烈吸引力的教学。

乌美娜（1994）等认为："教学系统设计是运用系统方法分析教学问题和确定教学目标，建立解决教学问题的策略方案、试行解决方案、评价试行结果和对方案进行修改的过程。"[1]

何克抗（2001）等认为："教学设计是运用系统方法，将学习理论与教学理论的原理转换成对教学目标（或教学目的）、教学条件、教学方法、教学评价等教学环节进行具体计划的系统化过程。"

有学者认为："所谓教学设计，就是为了达到一定的教学目的，对教什么和怎么教等问题进行设计。"

纵观国内外众多学者对教学设计的定义，基于出发点和侧重点的不同，给出的定义也不一样。总结归纳起来，整体上谈到教学设计具有系统性的特征，都是为达到教学目的、为解决教学中的问题而设计。笔者在此依据自己的理解认为教学设计是受教学理论、学习理论、教学技术学理论、教育传播学等理论指导，分析学习内容、学习者特征、学习需要，制定合理的学习目标，整合有效的教学资源，制定解决教学问题的可行性方法，试行方法并根据试行结果修正解决方案，最终实现优化教学效果，达到教学目的的一种系统性工程。

理解教学设计的定义要重点注意以下方面：

（1）教学设计着手点：学习者特征及学习需求分析，即回答"为什么学"的问题。

（2）教学设计的重点：在上一步的基础上，明确教学目的后，要确定具体的教学内容，即回答"学什么"的问题。

（3）教学设计的关键：明确教学目标后，核心问题是用什么方法让学生掌握教学内容，即回答"怎么学"的问题。

（4）教学设计不可缺少的部分：对教学过程进行评价。以教学评价为依据，修正之前的各环节。

传统的教学中，人们认为教学就是要教师把"知识技能"传授给学生，好的教学就是教师"讲"得好，教师自身对教学的认知也倾向于讲授知识。转变传统的观念，我们从改变教师自我对教学行为认知着手，教学是为了帮助学习者更好地"学"。教师应该为帮助学生有效的学习，积极创设高效并有吸引力的学习环境，组织开展有效的教学活动，并对学生的学习进行客观的评价。教学设计就是基于某一个教学问题，设计出解决该问题的策略方案。发现教学问题、分析教学问题、设计解决该教学问题的方案，并依据方案的试行结果进一步修正方案。

2.教学设计的原则和基本特征

（1）整体性原则

从系统论的角度出发，教学设计本身具有系统性特征，受到众多的因素影响，在教学设计过程中，要充分考虑各种影响因素，要把影响教学设计的各个因素看作是一个整体，从系统性、整体性出发，在教学论、方法论、传播学等科学理论的指导下，用系统方法为指导分析教学问题和需求，寻求各个要素之间的联系，确定教学目标，安排教学要素及环节，使得各要素之间协调统一，以实现优化教学效果的最终目的。

（2）学生主体原则

一切教学活动的出发点和落脚点都应该在学生。学生是教学活动的主体。建构主义学习理论强调以学生为中心，要求在教学设计中把学生当作信息加工的主体，[2] 教师要成为学习积极自主建构知识的指导者。教学设计中要突出学生的主体地位，教师创设丰富的教学环境，引领学生主动参与教学，积极建构知识。

（3）可行性原则

教学设计是一个系统性工程，针对需要解决的问题，需要设计出具体、可行的教学步骤，制作出支撑教学活动的教学资源，提出解决方案，这个方案设计后有试行的过程。方案要能被执行，首先要对学习者年龄、个性特征、认知特点、学习风格、已有知识水平等多个因素进行认真分析；其次要充分考虑环境，如教学场地、教学设备、教学组织形式等其他制约因素。良好的教学设计应能指导具体的教学实践，具有切实的可行性。

（4）以优化教学为原则

教学设计的终极目的就是优化教学效果。在实际教学设计中，解决教学中的问题，提升学习者学习的兴趣和效率，使教学有效果、有效率，吸引学习者的注意。教学设计要强调对教学活动的各种要素进行最优的选择与组合，要着眼于教学条件、教学策略、学习者与学习者之间的互动与协调，注重教学效果的高质量和教学效率的提高。

3.学习教学设计的意义

教学是一门科学性和艺术性兼具的系统性工程。教学是在教学论、学习论、传播学等多理论指导下，系统实施教学实践的过程。教师在教学活动中，分析学习者，尊重学习者主体，遴选合适的教学策略，教会学习者知识的同时，更要教会学习者怎么样"学"。要达到好的教学效果，教学设计尤为重要。

（1）学习教学设计有利于优化教学效果

新一轮课程改革更加明确了教学设计的重要性。在新课改背景下，教师要逐渐由编写教案转而进行教学设计。之所以这样讲，基于教案和教学设计在下面几个方面的异同点。首先教案和教学设计有相同点：都是教师根据教学内容和教学对象制定的，在课堂教学活动开展之前，有计划地编写关于课堂教学的方式方法、教学策略等。区别在于教案是教师根据个人经验、个人对教学内容的分析与理解、以教材为中心的传统教学方式，强调的是教师主导课堂，忽略了学生在教学活动中的主体地位与主观能动性和创造性的发挥。这样会产生学生虽然学了相关知识，但是分析问题、解决问题的能力欠缺，社会适应能力较弱，创造性思维缺失。在教案编写时，教学评价也往往容易被忽视。而教学设计则强调学生的主体地位，重视学生在学习过程中的主体作用发挥，教学内容和教学策略的选择是建立在对学生特征和学生学习需求充分理解的基础上，多利用信息技术来创设学习情境，增加知识的趣味性，吸引学生参与到学习活动中，让学生在探索问题解决的过程中掌握知识和技能，达到优化教学效果的目的。教学评价是教学设计的重要环节，根据教学方案的试行效果，要对教学设计各个环节进行修正，目的也正是为了达到更好的教学效果。要想提高课堂教学效率和提高课堂教学质量，就要加强教师的课堂教学设计和提高教师课堂教学设计能力，这样才能使学生用较少的学习时间而取得较大的学习效益。

（2）学习教学设计有利于提高教师教学能力

教学设计架起了教学理论和教学实践之间的桥梁，建立了这两者间的紧密联系。教师教学设计能力是教师教育教学能力的重要组成部分。教师想提

升教学设计能力，不仅需要学习扎实的理论知识，而且需要在实践中不断积累、提炼和提升教学技能。在教育信息化时代背景下，顺应新时代课程改革的要求，走上讲台的教师，不论是经验丰富的老教师，还是初出茅庐的年轻教师，亦或是即将从事教学工作的青年学子，都需要在教学设计方面多下功夫。学习教学设计的理论和技能，可以促进教育教学工作的科学化。

（3）学习教学设计有利于信息技术与课程融合的深度发展

教学设计属于教育科学领域的方法论学科，是教育技术学的重要组成部分。追溯教学设计的发展历程，发现教学设计的发展和信息技术的发展有着密切的关联。教学设计也被称为教学系统设计，20世纪60年代以来，教学系统设计已经作为一个重要的研究领域被广大的教育技术工作者重视起来，并逐渐发展成了教育技术领域的一个重要的研究方向。随着网络技术、多媒体技术的深入发展，信息技术以更人性化的方式推动着教育信息化的飞速前进。教学系统设计强调了教学系统的完整性，从系统层次和技术角度优化其他教学要素、优化教学效果，这就吸引人们关注信息技术与课程教学的深层次融合。对信息技术与课程教学的深层次融合的理论和应用的研究不断加深，整体上促进其向更高层次发展。

4.教学设计的一般过程

教学设计的一般过程包括以下八个步骤。第一是教学目标分析，确定教学的重点和难点，明确"教会什么，学到什么"。第二是学习者特征分析，主要分析学习者的学习准备和学习风格，从学习者的学习需要出发，明确"谁来学"。第三是学习内容分析，明确"教什么，学什么"。第四是根据教学内容和学习者的特征，进行教学模式及教学策略的选择和设计，在明确"教什么，学什么"后，解决"如何教，如何学"的问题。第五是资源、情景和支持工具的设计，必要时，还可能需要对教学资源进行设计和开发，明确"用什么来教"。第六是教学过程设计，即通常所说的教学流程，明确"按什么顺序教"。第七是教学评价设计，明确"谁来评、评什么、怎么评"。第八是根据教学评价形成教学反思，看看"教得怎么样，学得怎么样"，获取对教学设计方案的修改信息，通过调控使教学设计方案更趋于完善。

第二节　信息化教学设计

21 世纪是信息时代，随着信息技术，尤其是移动互联网技术、人工智能技术、多媒体技术的发展，人类社会信息程度越来越高，现代信息技术迅速渗透于各个领域中。信息技术引领的教育革命已然深入各级各类教育领域中，教育信息化是全球教育发展历程中的一场深刻革命。

生活在信息时代的人们，对于教育的期望值与日俱增，个人愿意接受知识与学习的愿望也空前高涨，学会学习和终身学习的理念深入人心。目前适龄的在校学生，正是伴随着信息技术发展，成长在互联网时代，获取知识的方式和方法已经离不开网络。互联网已成为他们获取知识和资源的重要途径。学习的需求更加多样化，学习方式也更加灵活。在信息化大环境下，传统教学受到严峻的挑战。传统教学中，一个老师、一个黑板、几支粉笔的教学形式很难引起新时代学习的兴趣与关注力了。教师必须不断学习、与时俱进，将信息技术与课程教学深度融合，提高学生学习兴趣，优化教学效果。

信息化教学正是在信息时代背景下，响应时代需要而产生的一种新的教学形态。这里的新是与传统教学相对而言的。信息化教学是依托信息技术支持，利用以多媒体技术、网络技术、现在教育技术等方法，构建信息化的教学环境，制作信息化教学资源，优化教师的教和学生的学的教学活动。信息化教学活动更能吸引学生的注意力，提升学生的学习兴趣。开展信息化教学的主要目的在于培养学生的信息素养、创新精神、实践能力和综合能力，从而增强其学习能力，提高学业成就，并使他们最终成为具有信息处理能力的、主动的终身学习者。[3]

1.信息化教学设计概念

信息化教学以信息化教学设计为前提。教师如果要开展信息化教学活动，首先要进行信息化教学设计。上海师范大学黎加厚教授提出的信息化教学设

计的概念认为："运用系统方法，以学为中心，充分利用现代信息技术和信息资源，科学地安排教学过程的各个环节和要素，以实现教学过程的优化"。[4]

我国学者祝智庭教授认为：信息化教学设计是充分利用现代信息技术和信息资源，科学安排教学过程的各个环节和要素，为学生提供良好的信息化学习条件，实现教学过程全优化系统方法。其目的在于培养学生的信息素养、创新精神和综合能力，从而增强学生的学习能力，提高他们的学业成就。[5]

可以从以下几方面深入理解信息化教学设计的内涵。

（1）以信息技术为支撑，运用系统方法。信息化教学设计的核心是教学过程设计，而非教学内容设计。

（2）以学生为中心，充分利用现代信息技术和信息资源。在教学过程中，应用信息技术构建信息化环境，把信息技术、信息资源和课程有机结合起来，重视学生主观能动性的发挥。[6]

（3）科学地安排教学过程的各个环节和要素。信息化教学不仅仅是在传统教学的基础上对教学媒体和手段的改变，而且是以现代信息技术为基础的整体的教学体系的一系列改革和变化。[6]

（4）以实现教学过程的优化为目的。利用信息资源，支持学生的自主探究学习，培养学生的信息素养，提高学生的学习兴趣。通过信息化教学设计，促进教学最优化。

2.信息化教学设计原则[7]

信息化教学设计是以信息技术为支持，以教学过程设计为核心，以学生为中心，关注学生主观能动性发挥和创造性的培养。教师是学生学习的引导者，帮助学生更好地开展学习。信息化教学设计的原则有以下几种。

（1）注重情境的创设与转换

信息化教学设计应该注重情境的创设，使学生经历与实际相类似的认知体验。同时注重情境的转换，使学生的知识能够得以自然的迁移与深化。

（2）充分尊重工具和资源的多样性

信息化教学设计注重对信息技术工具和信息资源的使用进行设计。这些工具和资源应当同学生的主题任务相关，能够帮助学生完成问题解决的过程，促进学生的意义建构。比如提供给学生与教学主题或问题相关的网络资源、典型案例，对学生的学习进行一定的指导和帮助等。信息技术工具和信息资源在信息化教学设计中具有不可替代的作用。充分利用各种信息资源来支持学生的学习。

（3）以"任务驱动"和"问题解决"作为学习和研究活动的主线

以"任务驱动"和"问题解决"作为学习和研究活动的主线，在相关的有具体意义的情境中确定和教授学习策略与技能。该原则有几方面的含义：①学习活动的展开通常可以围绕某一问题或主题，这些内容通常来自现实学习和生活中的一些具体事例。②学习活动具有明确的任务性、目的性，学生知道为什么而做，教师的重点放在如何有效地引导学生方面。③现实中的任务与问题不同于强加给学生的学习目标或现成答案。学生通过对问题和主题的主动探索活动体验学习的快乐，培养学习兴趣。

（4）学习结果通常采用灵活的、可视化的方式进行阐述和展现

在学习活动结束时，学生应当对自己的学习结果进行总结和展示，同他人进行讨论和协商，以加深对学习过程的理解和反思，这些内容通常以研究报告、演讲、讨论等形式展开。在这些过程中，教师应当对学生的学习成果进行必要的指导和帮助，帮助学习者更好的将学习成果展示出来。

（5）鼓励合作学习

在信息化教学中，学习者通常是以小组或其他协作形式展开学习，在学习过程中互相帮助，共同完成某一项任务目标，实现"问题解决"。每个学习者在中间承担一定的任务，担当一定的角色，学习活动过程成为"学习者身份和意义的双重建构"。学生之间相互协作，共享他人的知识和背景，共同实现组织目标。

强调"协作学习"。这种协作学习不仅指学生之间、师生之间的协作，也包括教师之间的协作，如实施跨年级和跨学科的基于资源的学习等。在教学过程设计中重视信息资源的利用和学生主观能动性的发挥，使教师的教和学

生的学与信息化时代紧密结合，培养符合信息时代要求的学生。

（6）强调针对学习过程和学习资源的评价

信息化教学设计是一个连续的、动态的过程，在学习过程中，教师通过不断的研究和质量评估，收集数据，使用过程性评价达到改进设计的目的。同时，由于信息化学习资源种类繁多，为了有效地利用信息化学习资源，也必须对资源进行优化选择，强调针对学习过程和学习资源的评价。

3.信息化教学设计的方法

教学设计的内容一般包括教学目标的分析、教学策略的确定、学习评价的设计等，为发挥信息技术的优势，体现学生的主体地位，根据当前构建主义学习理论对教学改革的指导意见，信息化教学设计是基于建构主义理论的指导，强调学生是认知活动的主体、是知识意义的主动建构者。信息化教学设计主要包括以下五个环节：教学目标分析、学习情境创设、学习资源设计、学习互动设计和学习评价设计。

（1）教学目标分析

教学目标包括三方面：知识目标、能力目标、情感目标。教学目标的确定要建立在对学习者特征分析、学习的内容分析基础上。和传统教学设计理论中学习者特征分析类似，在进行信息化教学设计时，教师必须对学习者特征有明确的了解，深入分析学习者个性，按照学习者中心原则，对学习者的学习风格、认知水平、先验知识、认知习惯等因素展开分析。学习者自身也可以对自己的学习特征做出自我分析，比较学习者的自我分析和教师对学习者特征的了解，根据教学内容的特点，教师可以给出多样性的学习目标。不是所有人都是同一个标准，而是不同的学习者有着差异性的学习目标。对于基础知识扎实、认知能力较高的学生，可以设定较高的学习目标，相对的，基础知识掌握不牢固、认知水平稍弱的学生，相对较低的学习目标则更适合。教学目标没有好坏之分，只有是否适合学习者特征的教学目标。

（2）学习情境创设

建构主义教学理论支持学生在真实的情景中进行学习，有利于学生对所学知识的意义建构。学习情境创设是整个教学设计系统性工程中的一个重要环节。学生可以在具体情境中感知所学知识的价值，直观地认识到如何利用所学知识解决问题，进而提高学生的学习兴趣和学习动力，帮助学生更好的领悟和学习知识。在信息化教学设计中，学习情境创设的优劣在一定程度上影响着整个教学过程的开展，最终影响到教学效果。信息技术支持下的学习情境创设比传统教学中的情境创设有更多的便利。基于信息技术的支持和信息资源的优势，创设的情境可以更真实、更接近与我们待解决的问题，把学习情境和学习任务更好地融合，有利于引导学习者完成问题解决的自我探索，帮助学习者达到学习目标。

（3）学习资源设计

通常用于学习的一切资源都可以称为学习资源，包括各类设备、学习资料、参与学习活动的人员、信息技术等。在信息化时代，随着信息技术的发展与学习资源密切的融合，学习资源的种类也越来越丰富，有明显的电子化和网络化倾向。常见的信息化学习资源有光盘、磁盘、各类数据库、电子书籍、期刊、教育网站、教育博客、各类视听资源等。学习环境的设计离不开学习资源以及适当的学习工具。学习环境设计的过程主要表现为将学习资源和学习工具有效的进行整合。在纷繁复杂、种类多样的学习资源中，学生往往容易迷失，引导学生正确、高效地使用资源就显得尤为重要。教师是学生学习的引导者，在资源获取途径、资源检索、信息筛选、利用等方面可以给学生一些帮助，培养和提高学生的信息素养。

（4）学习活动设计

学习活动设计要围绕着学习目标，以教育学、心理学原理为支持，针对学生要学习的具体的教学内容，设计学习的任务和过程。学习活动设计要以学生为主体，根据不同学生的个性特征差异，设计有区别的任务，体现在学习目标、学习方法、学习成果、学习评价标准等多个方面。

（5）学习评价设计

关注学生学习活动的过程，从学习活动的过程中了解学生获得知识与技

能的过程与方法、态度情感价值观体验等，对学生学习活动给予评价。评价标准的设计是信息化教学设计不可缺少的环节，对学生学习活动的评价结果是检验信息化教学是否达到要求的一个重要指标，根据评价反馈的结果对教学设计进行修正完善。学习评价的内容包括学习者达到学习目标的程度、学习任务完成情况、学习态度、学习行为、认知效果、信息素养提升等多方面的评价。[8] 学习评价是动态的过程，在信息化教学中，可以广泛使用信息技术来收集评价资料，例如，电子学档、概念图、评估表、评价量规等。

第三节　教学设计的基本模式

《礼记·中庸》有言："凡事预则立，不预则废。"学习也不例外，教师进行教学工作，都会事先进行"设计"，但是这样的设计主要是建立在教师主观判断、个人经验基础上的，和这里我们谈的建立在系统分析基础上的科学方法是有区别的。教学设计正是为了优化教学而精心安排的各教学要素，形成一个具有整体性的教学系统。国内外关于教学设计的研究已经有半个多世纪，教学设计的模式也多种多样。但不论是哪种教学设计，都要关注教学设计的三要素：教学目标、教学实施及教学评价。进行教学设计之前，一定要弄清楚教学目标，即弄清楚教学是要达到什么目的。对教学目标有明确的认识后，下一步须解决的问题便为如何实现教学目标，而后是教学目标是否达到的评价，即为教学评价环节。从教学设计的基本模式来看，代表性的教学设计模式有加涅等的 ADDIE 模式、迪克-凯瑞模式、肯普模式以及史密斯-瑞根模式。

1.加涅等的 ADDIE 模式

ADDIE（analysis 分析、design 设计、development 开发、implementation 实施、evaluation 评价）模式，意为教学设计中的分析、设计、开发、实施和评价。

（1）analysis 分析

实施教学分析，分析学习需求、学习者特征、教学资源、教学内容等，明确教学对象在教学实施后应该达到的动作技能、情感态度价值观等教学目标。以教学目标和学习需求为出发点，有序开展教学活动。

（2）design 设计

在上一分析环节的基础上，以实现教学目标为导向，设计具体的学习活动及支持学习活动的教学策略，包括对教学过程、教学组织形式、教学实施方法等进行详细说明。

（3）development 开发

收集制作支持学习活动的教学资源，制作学习材料、着手编写教案、做课件等教学需要的辅助材料。

（4）implementation 实施

完善并使用学习材料，对开发制作的课程进行教学实施。

（5）evaluation 评价

依据教学评价标准，对学习活动、教学资源、教学实施等开展评价，收集整理评价数据，依据评价结果所反馈出的数据对教学设计进行修正。

ADDIE 模式适用于各种学习活动，可以根据不同的教学目标进行适当的调整和改变。ADDIE 模式的具体过程如图 3-1 所示。

图 3-1　教学设计的 ADDIE 模式

2.肯普（J.E.Kemp）模式

肯普（J.E.Kemp）的教学设计模式最早于 1977 年提出，后经过了多次修改完善，是目前具有代表性的模型。肯普的教学设计模式的突出特点是对"四个基本要素、三个主要问题、十个教学环节"的描述。肯普认为教学系统设计要围绕"四个基本要素",[9] 即教学目标、学习者特征、教学资源及教学评价。并能回答"三个主要问题",一是学习者可以学到什么;二是教师用什么方法来教授相关的内容;三是学习者学习结束后,如何来检查或者评定学习的效果。肯普提出了"十个教学环节",并由这十个要素构成了一个椭圆形的结构模式。如图3-2所示。

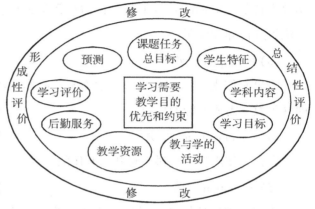

图3-2 教学设计的肯普模式

肯普提出的"十个教学环节"分别是[10]:

(1)确定学习需要、学习目的,设定优先和约束条件。

(2)明确课题任务和总目标。

(3)分析学习者特征。

(4)分析教学内容。

(5)阐明教学目标。

(6)实施教与学活动。

(7)利用教学资源。

(8)提供辅助性服务。

(9)进行教学评价。

(10)预测学生的准备情况。

肯普模式强调学习需要和学习目的的重要性,以及每个要素间的联系和相互作用。肯普以椭圆形将十项因素圈在整个系统中,并以外围的"评价"和"修改"表示这是整个设计过程中持续进行的两件工作。教师可以根据实际教学设计需要,从十个因素中的任何一个开始着手设计工作,并不需要始终从第一个因素开始。十项因素也不是缺一不可的,根据实际分析,可以不进行其中的部分项目。这更显示出系统方法的分析、设计、评价、反馈修正的工作策略。

3.迪克·凯瑞（W.Dick.& L.Carey，1996）教学设计模式

迪克·凯瑞教学设计模型具有典型的系统化特征，以行为主义教学理论为构建模式的基础，突出体现了教学过程的模式化特征。迪克·凯瑞教学设计模型在教学设计研究与实践领域都有重要的影响。迪克·凯瑞教学设计模式包括四个基本部分，即教学目标确定、教学方法制定、教学评价及修改教学，如图3-3所示。

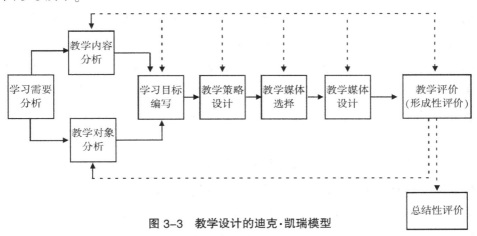

图3-3 教学设计的迪克·凯瑞模型

（1）确定教学目标

第一大部分是确定教学目标。确定教学目标的基础是进行学习需要分析、教学内容分析和教学对象分析。对这三个子部分进行分析，描述具体的教学目标，而后设计教学评价工具。

确定教学目标首先要进行学习需要分析，其他教学设计环节都是建立在学习需要分析的基础之上。有什么样的学习需要，就应该有与之相对应的学习目的。把学习需要分析放在首要位置，充分明确教学目的，保证教学设计起步有正确的方向。教学目的明确了，紧接着要实施教学内容分析。分析实际的教学内容特征，厘清教学中的重点、难点问题，建立对教学任务的初步认知。为确定教学目标，实施学习需要分析和教学内容分析，还有不可缺少的学

习者特征分析这一重要因素。学习者特征分析当然要结合一定的学习情境。

在学习需要分析、教学内容分析和教学对象分析的基础上，教学设计者要用可执行性的语句描述具体的教学目标。基于教学目标的描述，进一步设计教学评估工具。教学评估工具将用于检测学习者学习目标是否达到。

（2）选用教学方法

第二大部分是教学方法的选用，这一部分中包括的教学设计环节有教学策略设计和教学材料设计。

教学策略设计的前提是第一大部分的分析环节，教学策略基本包括了课前预习、师生互动、学习内容的展示、知识点讲解、重难点突破、知识的巩固练习、学习收获测试与学习活动总结等。教学策略的设计要围绕着教学目标的实现。教学材料是和学习活动密切相关的各类资源，主要包括教材、图表、动画、音频、视频、录像、投影仪以及计算机等辅助学习资源等。设计者要依据教学目标、教学策略设计和开发适用的教学材料。

（3）开展教学评价

教学评价部分包括形成性评价和总结性评价。形成性评价先于总结性评价开展。形成性评价是针对学生的学习过程进行的评价，大多数是以考试或者测验的形式进行，可以是全班集体参与，也可以分小组进行。对形成性评价反馈出的信息做分析和总结，从中了解学生知识学习的掌握情况，获取学生在学习过程中的知识技能、情感态度、价值观等方面的发展情况。教师从评价结果中发现一些教学中存在的问题，分析问题存在的原因，进而考虑修正教学环节。对教学环节的修正，可以是重新分析学习需要、分析学习者特征、教学目标、教学策略设计、教学材料选择等多方面。总结性评价，也可以称为终结性评价，是在教学活动结束后，或者暂时完成一个教学阶段后进行的评价。总结性评价的目的是对教学整体进行的最终的评价，以预定的教学目标为标准，对学生是否达到教学目标做出评价，该评价信息直接反映出教学效果的优劣。

（4）修正教学

在完成教学设计的其他各个环节后，要依据教学评价反馈的信息修正教学各环节，很好地诠释了教学设计的终极目标是优化教学效果。

4.史密斯和瑞根的教学设计模式[11]

史密斯和瑞根（P. L. Smith 和 T. J. Regan，1993）提出的教学设计过程模式主要完成的三项设计活动，第一是开展教学分析，要实施学习环境分析、学习者分析以及学习任务，该阶段决定"到哪里去"。第二是确定教学策略，决定"怎样到达那里"，包含确定组织策略、传送策略、管理策略以及编写和制作出教学活动方案。组织策略涉及制作学习活动的决策，包括向学生提供呈现的类型、呈现的排列、主体的排序及结构、联系的类型、反馈的性质等；传递策略同信息如何传递给学生的方式有关，它涉及教学媒体的选择方法、依据，对于教学媒体的选择有强烈的制约作用。管理策略涉及动机激发技术、个别化教学的形式、教学日程安排及资源配置等。第三是教学活动评价，进行形成性评价，以决定"怎样知道我们已到达那里了"。其中，第二阶段确定教学策略是重点，如图 3-4 所示。

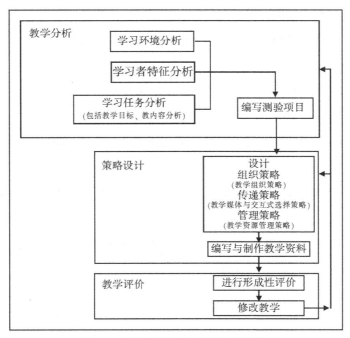

图 3-4 教学设计的史密斯和瑞根模式

随着众多学者对教学设计模式的深入实践与研究，教学设计模式也呈现出了多样化的趋势。我国国内学者的研究成果也有很多，有学者提出了教学设计的基本问题，给出教学设计的基本模式，在教学设计方面做了总结归纳。教学设计的基本过程包括教学分析、选择决策、发展实施以及教学评价与修改。

参考文献

[1] 曲军.信息化环境下的教学设计[J].辽宁农业职业技术学院学报,2006,(06).

[2] 张隽.数字化教学资源在中等职业教育计算机应用基础课程中的实践应用[D].西北师范大学,2006.

[3] 邹菊梅.信息化教学设计技能训练系统的设计与开发[D].华东师范大学,2004.

[4] 靖婷婷.基于情境创设的小学《品德与社会》课程信息化教学设计实践研究[D].山东师范大学,2013.

[5] 巩雪梅.山东省中小学信息化教学设计现状及对策研[D].山东师范大学,2013.

[6] 李一平,王长宁.信息化教学在特殊教育心理健康课中的应用与探究[J].安徽教育科研,2019,11.

[7] 何新凤,刘传熙.试论物理教学设计及其评价指标体系的研制[J].教育与职业,2012,(6).

[8] 胡丽.常用软件课程信息化教学探索[J].佳木斯教育学院学报,2013,(1).

[9] 唐丽华,刘军华.世界大学城空间在信息化教学设计中应用研究[J].湖南工业职业技术学院学报,2014(12).

第四章 信息技术与课程融合的学习资源

第一节 信息化学习资源概述

当今世界的发展趋势是信息化与智能化。以信息技术和网络技术为主要特征的信息化革命正全面影响着人类的政治、经济、文化等方方面面，进而深刻地影响了人们的生活方式、工作方式和思维方式。学习方式也不例外，信息化时代的生存离不开信息化学习，信息化的学习资源就至关重要了。

1.信息化学习资源的定义

具备丰富的信息化学习资源是发挥信息技术与学科教学融合优势的必备条件。没有或者不应用丰富的信息化学习资源，就谈不上信息技术与学科的融合。信息化学习资源的核心是网络化学习资源的建设。网络和数字媒体使人们的学习方式发生了巨大的改变。

我们认为，信息化学习资源概念和我们常见的教学资源、教育资源、教学资源库、数字化学习资源等的内涵基本相同。信息化学习资源是指以电子化、数字化和网络化为特征的，可以通过计算机或网络环境运行的，应用于教与学活动的多媒体资源。

2.信息化学习资源的特点

信息化学习资源一般具有如下特点。

（1）多样性

信息化学习资源类型多样，以多媒体的形式呈现，可以是多种形式媒体的集合，也可以体现在人类接收和产生信息的多样化。包含动画、音频、视

频、图形、图像等，能够极大地丰富资源的表现形式，从而有助于学习者对知识意义的建构。

（2）共享性

资源共享是网络时代的重要特征，信息化教学资源具有高度共享性。由于资源共享性的特征，信息化时代的学习实现了真正意义上的打破资源"围墙"。在良好的网络软、硬件设备的支持下，学习者可以不受时间、空间的限制，通过网络获取所需的学习资源。

（3）交互性

交互性是互联网的重要特征，信息化学习资源的交互性可以支持学习者从被动接受信息到主动参与信息活动的转变，同时也增加了对信息的理解力和注意力。例如，在看电视、听广播等单向资源传输过程中，人们很难自主地控制和干预信息的获取和处理，但是在交互性支持下的信息活动，人们就可以参与信息活动，作为一种媒体介入信息转变为知识的过程。学习者既可以实现人机交互，也可以实现与其他学生或教师的交互。

（4）便捷性

信息化的今天，终身学习的教育理念全球推广，高效、便捷的学习资源成为信息时代的学习不可缺少的支持。事实上，信息化学习资源容量大、更新快，可以借助网络实现快速传输，极大地增加了资源的使用便捷性，为学习者学习提供了有利条件。学习者无论在什么地方，只要有网络支持就可以实现资源传递。基于先进的存储技术，海量信息的查询与检索也可以高效地完成。这是其他任何一种教学资源无法比拟的。在教学过程中，教师将最新的信息融入课程内容之中，增强了知识的时效性，有助于加深学生对知识的理解。

（5）智能化

信息化学习资源是信息时代学习环境的关键，能够激发学生通过自主、合作、创造的方式对教学资源进行重组或者修改，以更合理的方式满足学习者的需要，帮助学习者实现知识的意义建构。信息化学习资源所包括的辅助学习系统可以针对学习者的具体情况收集数据、分析数据，给出个性化的指导，辅助学习者更好的学，以优化学习效果。

3.信息化学习资源的类型

按照资源的组织形式来分类，信息化学习资源主要包括多媒体课件、专题学习网站、网络课程、教育资源库等几种类型。

（1）多媒体课件

多媒体课件是根据教学大纲要求，依据教师教学需要，经过严格的教学设计而形成的教学软件。多媒体课件通常包含多种类型的媒体，例如，文本、图形、图像、音频、视频、动画等。

多媒体课件的制作技术和工具软件随着信息技术的发展不断更新升级，教师在多媒体课件制作过程中可以根据自己的需要选用合适的工具，其中应主要考虑工具的方便、快捷、易操作性能等，以提高课件制作的效率。多媒体课件依据其使用的模式，可以大致分为演示型课件、交互型课件和网页型课件。

演示型课件主要应用于课堂教学，实现对教学内容的展示。将多媒体技术应用于演示型课件中，可以将抽象的原理和概念具体化，使学习者更容易理解知识，吸引学习者的学习兴趣，达到优化学习的目的。演示型课件制作工具种类很多，目前主流的演示型课件制作工具是 Microsoft Office 成员中的 PowerPoint 演示文稿。PowerPoint 演示文稿的使用类似 Office 其他成员，操作简单、易学易用，所以人们被广泛使用。通常将 PowerPoint 演示文稿制作的文件简称为 PPT。长期以来人们以追求会制作 PPT，而忽视了 PPT 制作过程中的设计与审美。好的 PPT 是需要精心设计的，PPT 制作者是设计师，根据不同的教学内容、不同的受众、不同的演示环境，决定了 PPT 的结构、色彩、动画效果、音频效果等。设计出动静结合、富有创意的 PPT，让观众赏心悦目、乐于观看，喜欢接受就是最好的 PPT。

交互型课件是可以实现互动、基于交互式处理的多媒体课件。在学习者使用课件的过程中，课件可以根据学习者输入的不同信息做出相应的反馈，

实现信息的双向传递，也就是通常所说的人机交互。相比演示型课件，互动型课件因为有了人机互动，学习者的参与度更高，激发学习者思考，更能吸引学习者的注意力和主动性。随着信息技术的发展，交互型课件制作的工具有很多种。常用的有 Flash 动画制作软件和 Authorware 多媒体制作软件。这里重点介绍基于 Flash 动画制作软件的交互型课件。Flash 是由 Macromedia 公司推出的动画创作和矢量图形编辑软件。Flash 中内置了专用脚本语言 Actionscript，Flash 的"动作画板"中集成了脚本语言 Actionscript 所用的函数，通过给动画添加 Actionscript 脚本，实现特定的交互功能。Flash 动画制作软件内容丰富、结构简单、便于学习和使用。另外，Flash 动画制作软件生成的动画文件数据量较小，可以很方便地嵌入网页中传输。

网页型课件是以网页页面形式呈现教学内容的一种课件，通常包含了多个页面，呈现的内容丰富、信息量大、可以兼容多种媒体形式。网页型课件易于在网上传输，共享性特征明显。目前比较流行的网页制作软件是美国 Macromedia 公司开发的 Dreamweaver，是一款集网页制作和网站管理于一身的网页制作软件。网页型课件设计开发要遵循应用性、形象化、模块化及网络化原则。在具体的课件制作过程中，需要对展示内容进行设计规划、收集素材、处理素材、编写脚本、调试与发布等。站点是管理所设计的网站中所有文件的工具，Dreamweaver 中站点应用非常重要。站点可以是 Internet 服务器上的远程站点，也可以是本地计算机中的本地站点，通常需要在本地计算机上建构本地站点，创建合理的站点结构，使用合理组织形式管理站点中的文档，并对站点进行必要的测试。在全部准备好之后，再将站点上传到 Internet 的服务器，以便他人浏览。[1]

教师在制作网页型课件时，经常由于缺乏技术支持而显得力不从心，没有掌握网页开发的技术，感觉难度很大。同时网页制作、网站开发的技术也随信息技术发展的步伐飞速发展，这样使得教育者动手建设网页型课件就更是难上加难。即便是一些教师潜心研究这些技术，但从效率和成本上考虑，收效不大。目前，有众多的企业，专门致力于网页型课件的制作、教育资源网站的建设与开发，在一定程度上缓解了教师自己建设网页型课件资源的困境。

(2) 专题学习网站

专题学习网站不同于商务、咨询类网站，专题学习网站也不同于综合性的教育网站、网络资源库或网络课件等教学资源。专题学习网站是基于网络环境，依据课程标准，针对某个知识专题，或者和该知识专题紧密相关的大量知识内容，而建设的学习资源网络平台。

专题学习网站支持学习者的自主探究学习、协作学习和研究性学习。专题学习网站的资源具有整合性，学习者利用专题学习网站提供的学习资源，自主探索学习，获取知识、进行分析评价，使用知识来解决问题，达到有意义的知识建构。在学习过程中有利于学习者建立良好的信息素养，培养学习者问题解决能力和创新思维等。

专题学习网站建设的重点是对学习资源的获取、分析和整理。选题是专题网站设计的关键，一般专题学习网站具有针对性的选题，选题定位要求主题鲜明，内容方面要有所筛选和整理，知识内容要精而实用。在设计方面，专题学习网站遵循的中心原则是教学性。专题学习网站是为教学需要而建设的，具有明显的教学功能。偏离了教学性原则，就失去了专题学习网站的根本。

(3) 网络课程

网络课程是随着教育信息化的推进产生的一种课程资源。目前广泛展开的网络教育离不开网络课程的支撑。网络课程的质量决定着网络教育实施的效果，网络课程资源建设成为推进网络教育的核心工作。

网络课程是通过网络表现的某门学科的教学内容及实施的教学活动的总和。它包括两个组成部分：按一定的教学目标、教学策略组织起来的教学内容和网络教学支撑环境。其中网络教学支撑环境特指支持网络教学的软件工具、教学资源以及在网络教学平台上实施的教学活动。网络课程的教学内容是把课程相关内容组织成网页的形式，存放在服务器上，学习者浏览网页内容，同教师进行在线互动，收发电子邮件，解决疑难问题，完成学习过程。[2]

网络课程具有较强的共享性，学习者在网络环境支持下，不受时间、地

点、空间的限制，可以在线共享网络课程，为终身学习提供有力的资源保障。网络课程具有开放性。网络课程放置于互联网上，不仅学生可以学习课程所属的内容，还可以在整个网络平台中搜索信息，获取更广泛的资源。教师也可以不受时空限制在线更新课程内容，方便高效传送更新内容给学习者。网络课程资源也具有选择性特点。学习者可以根据自己的学习情况，自主选择课程资源开展学习。网络课程有非常好的灵活性，学习者可以自由安排学习进度，个性化的选择学习的内容、学习的时间、地点等。

大型开放式网络课程（massive open online courses，MOOC）是目前被广泛关注的网络课程。MOOC又被称为"慕课"。MOOC的优点就是大型的大规模的在线课程，区别于传统课程的一门课几十人，数量多的时候上百人，在约定的时间，在固定的教学场地所开展的课程。MOOC在2011年诞生于美国，后备受世界各国教育界瞩目，迅速在全球范围内兴起，被誉为"印刷术发明以来教育最大的革新"，呈现"未来教育"的曙光。

我国最大的MOOC平台是由教育部推动，爱课程网和网易云课堂携手打造的在线教育平台，由国内众多的知名大学参加课程资源建设，目前课程数量达千余门。中国大学MOOC提供用户免费的课程资源，任何人只要有学习的意向，都可以免费注册后在线近距离接触国内名校的优质课程资源，并可以通过平台和名校教师实现互动答疑，让每一个有提升愿望的用户能够学到中国知名高校的课程，并获得认证。正如网易创始人丁磊所言："我们做在线教育的目的不是赚钱。当时为什么做这个项目？我就觉得全球的教育资源是不平等的，东方和西方、城市和农村都是不平等的。我们非常希望能够通过互联网这个渠道和手段，打破各种壁垒，让每个人都可以平等地进行教育"。[3]

超星视频公开课是由超星公司自主拍摄制作的网络课程，深受广大学习者的喜欢。课程涵盖的学科范围广，包括哲学、文学、经济学、历史学、法律、政治、工学、理学、医学、教育学、农学、管理学、军事学等。秉承"天下名师皆我师"的理念，超星学术课程由5000多名国内外学者主讲。由于用户数量众多，超星学术视频网改版为尔雅教育视频网。

随着信息技术的发展以及教育信息化的不断推动，信息时代人们学习方式的改变，数字化学习越来越多地受到民众们的追捧，信息化学习资源成为时代的需求在不断地更新，为人们的知识学习与传输带来更多的便利。

（4）教育资源库

这里谈的教育资源主要指数字化的教育资源。教育资源库是数字化教育资源的集合。教育资源库包含的内容广泛，包括网络课程、电子书籍、多媒体课件、电子教案、习题库、光盘等多种用于教与学的资源。

数字化教育资源库包含了文本、图形、音频、视频、动画等海量数据，以数据库的形式进行数据的存储占用的空间小。基于数据库技术的支持，能实现方便、快捷、高效的数据管理功能，例如，数据的添加、修改、插入、删除等操作。对于资源库中的数据也可以实现准确、快速的查询、检索、统计等功能。同时，数字化教育资源库中的数据也提供了资源的共享性，数据使用效率大大提高，使得优秀的资源能被更多的人使用，从而也降低了资源建设的成本。

数字化教育资源库的建设有利于资源的共享，教育资源库的开发也是一项综合化的复杂工程，要实现标准化和规范化的资源建设，需要有统一的开发标准，由教育主管部门统筹设计、系统建设和开发。

第二节　信息化学习资源建设技术基础

基于《大学计算机基础 E-Learning 教学系统》的信息技术与课程在融合的过程中需要信息技术的强大支持。E-Learning 系统开发是在完成 E-Learning 教学设计之后的重要环节。了解并掌握 E-Learning 系统的开发技术，对于 E-Learning 系统的建设是非常必要的。E-Learning 系统开发的关键技术主要包括 Web 网页开发技术、流媒体技术、虚拟现实技术、智能代理技术等。

1.Web 网页制作技术概述

从技术角度看，E-Learning 系统主要是 Web 网页的形式。E-Learning 系统开发中使用的技术主要包括各种网页开发技术和可以嵌入网页中的各种辅

助网络教学或学习的技术。

网页开发技术也称为 Web 开发技术。所谓网页就是万维网中的"一个页面"。一个网站由多个页面组成。网页上常见的元素有文本、图像、动画、声音、视频以及超链接等。网页需要存放在 Web 服务器上，通过浏览器就可以被浏览者查看。网页自 20 世纪 90 年代初开始出现，发展到现在已经历了两个阶段：静态网页阶段和动态网页阶段。[4]

通常在网页制作过程中要经常用到（CSS）来展示网页界面效果，还需要用到脚本编辑语言，比如：（JavaScript）、（VBScript）。这些脚本语言可用于增加网页交互性、产生动态的 HTML（HyperText Markup Language，超文本标记语言）、产生框架、建立和验证表单、进行对象操作、识别与处理事件、实现与其他强大的 Web 技术通信等功能。

1990 年，计算机科学家 Tim Berners Lee 开发了一种用于把文档连接到一起的超文本标记语言，即 HTML。HTML 成为 WWW 中最基本的网页构建语言，用于标注文档或给文档添加标签，使得文档可以在 Web 浏览器中显示，并能够创造性地将许多计算机上的文档（也称为网页）连接起来。1993 年，计算机科学家 Marc Andreessen 发明了最早的 Web 浏览器——Mosaic，它使得用户能够非常容易地浏览 Web 中的网页。

早期的网页内容是静态的，它既不能与用户进行交互也不能实现快速、便捷地修改与维护。为了改进不足，（W3C）制定了（CGI）标准。通过在 Web 服务器上执行 CGI 程序，用户只要在浏览器中输入信息请求，就可以实现从服务器的数据库中提取数据，生成新的用户需要的网页，这种技术被称之为动态网页技术。

然而，CGI 本身存在很多不足之处，例如：不易开发且耗费服务器的系统资源。为了解决 CGI 的缺点，各家厂商纷纷着手发展各种服务器端的脚本语言来简化开发工作，像（Allaire）的（ColdFusion）、微软的（ASP）及（PHP）等。

2.静态网页开发技术

网页分为静态网页和动态网页两种类型。静态网页是标准的 HTML 文件，是网站建设的基础。静态网页的后缀名一般为"htm"或"html"，是相对动态网页而言的。静态网页没有后台数据库，无须系统实时生成数据，交互性能较差。但静态网页也并非绝对地静止，可以通过在页面中添加 GIF 动画、FLASH、滚动字幕等元素来实现动的效果。静态网页的制作可以通过网页制作软件来实现，比如：（FrontPage）、（Dreamweaver）等。

（1）HTML 概述

超文本标记语言（HyperText Markup Language，HTML）是在标准通用标记语言（SGML）的基础上建立的。SGML 仅描述了定义一套标记语言的方法，而没有定义一套实际的标记语言，而 HTML 就是根据 SGML 制定的特殊应用，是一种用来制作超文本文件的简单标记语言。

HTML 是一种标准，或者说是一种规范，通过标记符号来标记要显示的网页中的各个部分。HTML 之所以称为超文本标记语言，是因为 HTML 文件中包含了"超级链接"点，能通过超链接（Hyperlink），将网络上的文档连接起来。通过超链接浏览者可以自如地在网页之间实现跳转，是浏览者和服务器的交互的主要手段。HTML 语言从 1.0 发展到 5.0，在功能和特性上有了大幅度的完善，安全机制也得到了很好的优化。目前，广泛使用的 HTML 语言是 HTML5.0 规范，简称 HTML5。

HTML 文件是用 HTML 编写的超文本文件，有多种方法可以查看网页的HTML 源代码。首先，可以使用各种类型的浏览器。HTML 文件可以直接由浏览器解释执行，无须编译。在用浏览器打开网页时，浏览器读取网页中的HTML 代码，分析其语法结构，然后根据解释的结果显示网页内容。通过浏览器中的"查看/源文件"命令，查看网页中的 HTML 代码；其次，如果要对网页进行更多的编辑，更便捷的方式是通过可视化软件，例如，FrontPage、Dreamweaver 等软件，以可视化的方式编辑或打开网页。最后，还可以通过文本编辑器，例如，Windows 自带的"记事本"，以查看文本文件的 HTML 源代码，也可以在文本编辑器里面直接进行编辑操作。

（2）HTML 语言的基本要素

本节通过介绍 HTML 文档的基本结构，使读者快速掌握 HTML 的基本知

识。

HTML 使用标记标签来描述网页，用 HTML 编写的超文本文件须符合 HTML 的语法规则。HTML 标签是由尖括号包围的关键词，比如<html>；HTML 标签通常是成对出现的，比如和；标签对中的第一个标签是开始标签，第二个标签是结束标签；开始和结束标签也被称为开放标签和闭合标签。

一个基本的 HTML 文件结构如下所示：

```
<HTML>
    <HEAD>
        <TITLE>A Simple HTML Document</TITLE>
    </HEAD>
    <BODY>
        Welcome to my first homepage!
    </BODY>
    </HTML>
```

可以看到，例子中所有"<>"符号都是成双成对出现的。在 HTML 语言中，"<>"符号以及符号的内容，都称之为"标签"，通常标签是成双成对的（少数例外），如<TITLE>与</TITLE>，前面的是标签标识效果的开始，后面的是标签标识效果的结束。

3.CSS 样式

CSS 样式（cascading style sheets），中文翻译为"层叠样式表"，简称为 CSS。CSS 以 HTML 为基础，提供了丰富的功能，如字体、颜色、背景的控制及整体排版等，而且还可以针对不同的浏览器设置不同的样式。使用 HTML 标记属性对网页进行修饰的方式存在很大的局限和不足，如网站维护困难不利于代码阅读等。如果希望网页美观、大方，并且升级轻松且维护方便，就需要使用 CSS 实现结构与表现的分离。

CSS 非常灵活，既可以嵌入 HTML 文档中，也可以是一个单独的外部文件。如是独立的文件，则必须以.css 为后缀名。目前，大多数网页都是遵循 Web 标准开发的，使用 HTML 编写网页结构和内容，而相关的版面布局、文本或图片的显示样式都使用 CSS 控制。

CSS 为 HTML 标记语言提供了一种样式描述，定义了其中元素的显示方式。CSS 在 Web 设计领域是一个突破。利用它可以实现修改一个小的样式更新与之相关的所有页面元素。总体来说，CSS 具有以下特点。[5]

（1）丰富的样式定义

CSS 提供了丰富的文档样式外观以及设置文本和背景属性的能力；允许为任何元素创建边框以及元素边框与其他元素间的距离、元素边框与元素内容间的距离；允许随意改变文本的大小写方式、修饰方式以及其他页面效果。

（2）易于使用和修改

CSS 可以将样式定义在 HTML 元素的 style 属性中，也可以将其定义在 HTML 文档的 header 部分，也可以将样式声明在一个专门的 CSS 文件中，以供 HTML 页面引用。总之，CSS 样式表可以将所有的样式声明统一存放，进行统一管理。

另外，可以将相同样式的元素进行归类，使用同一个样式进行定义，也可以将某个样式应用到所有同名的 HTML 标签中，也可以将一个 CSS 样式指定到某个页面元素中。如果要修改样式，我们只需要在样式列表中找到相应的样式声明进行修改。

（3）多页面应用

CSS 样式表可以单独存放在一个 CSS 文件中，这样我们就可以在多个页面中使用同一个 CSS 样式表。CSS 样式表理论上不属于任何页面文件，在任何页面文件中都可以将其引用。这样就可以实现多个页面风格的统一。

（4）层叠

简单的说，层叠就是对一个元素多次设置同一个样式，这将使用最后一次设置的属性值。例如，对一个站点中的多个页面使用了同一套 CSS 样式表，而某些页面中的某些元素想使用其他样式，就可以针对这些样式单独定义一

个样式表应用到页面中。这些后来定义的样式将对前面的样式设置进行重写，在浏览器中看到的将是最后面设置的样式效果。

（5）页面压缩

在使用 HTML 定义页面效果的网站中，往往需要大量或重复的表格和 font 元素形成各种规格的文字样式，这样做的后果就是会产生大量的 HTML 标签，从而使页面文件的大小增加。而将样式的声明单独放到 CSS 样式表中，可以大大减小页面的体积，这样在加载页面时使用的时间也会大大减少。另外，CSS 样式表的复用更大程度地缩减了页面的体积，减少下载的时间。

4.动态网页开发技术

（1）动态网页开发技术概述

所谓动态网页是相对静态网页而言的，动态网页文件里包含了程序代码，动态网页可以采用 ASP（active server page，动态服务器页面）、PHP、CGI（common gateway interface，公共网关接口）等程序编写而成。动态网页的大量信息存放在后台数据库中，需要 Web 服务器与后台数据库进行交互。页面显示的内容可以随着后台数据库提供实时数据而更新。不同的用户在不同时间访问网页，数据库会根据访问的要求生成实时内容，传输到用户浏览器中，以便用户查阅。

动态网页的主要优点是具有强大的交互功能，具有较好的用户体验，其网页结构简单、维护方便。例如，一个动态网页可以用来跟踪网络教育的学习情况及新闻、股票行情、天气预报、售票系统存量情况、（BBS）、留言板和购物系统等，通常用动态网页实现。

动态网页的主要缺点是网页加载速度相对较慢，容易受到网络速度和硬件设备性能影响。静态网页，在浏览器取得网页的一个复本后不会改变，而动态网页是收到访问者需求后，服务器端才运行应用程序，动态建立网页，网页生成后把页面信息发送给用户通过浏览器查看。这一系列的需求需要花费服务器时间响应。用户查看后网页信息就已经过时，例如，一个报告股市信息的动态网页，由于股市信息变化迅速，当用户访问时，网页很快就过时了。

从网页设计成本来看，与静态网页相比，动态网页的设计开发成本、访问的费用相对更高。这是因为动态网页多采用 ASP、PHP、cold fusion、CGI 等程序动态生成的，对程序设计和开发要求较高。程序编写后要进行广泛的测试，以保证网页的稳定性。验证这样一个程序的正确性难度也相对较大，因为输入的内容可以是包含不同来源的多种数据。

（2）JavaScript 简介

JavaScript 是 Netscape 公司开发的一种广泛用于 Web 开发中的解释性脚本语言。JavaScript 使用浅显的程序语法，基于对象（Object）和事件驱动（Event Driven），程序设计人员可以较轻松地使用 JavaScript 在网页中实现互动效果。JavaScript 通过嵌入在标准的 HTML 语言中，与 HTML 超文本标记语言、Java 脚本语言（Java 小程序）一起实现在一个 Web 页面中链接多个对象，与 Web 客户交互作用，从而可以开发客户端的应用程序等。

JavaScript 具有以下几个基本特点：

解释性：JavaScript 是一种解释性脚本语言，无须编译，程序运行过程中被逐行地解释，可以直接在浏览器上运行。

基于对象：JavaScript 是一种基于对象的语言，不仅可以创建对象，也能使用现有的对象。

事件驱动：JavaScript 基于事件驱动，可以直接对用户或客户输入做出响应，无须经过 web 服务程序。

跨平台：JavaScript 的解释与运行与浏览器本身相关，与操作环境无关。JavaScript 可以被大多数浏览器支持，可以在多种平台下运行。

安全性：JavaScript 具有操作安全性，用户不能直接访问数据库，而是通过浏览器查阅或者发生动态的交互。

（3）ASP 简介

ASP（active server page），它可以用来增强服务器的功能，使得用户可以从浏览器中获取各种交互信息，其目的是要替代原来的 CGI 技术。同 CGI 相比，ASP 的使用更为简单。同 CGI 一样，ASP 可以使用多种脚本语言来编制

程序，如可以使用 VBScript，也可以使用 JavaScript。如果要使用这两种以外的其他脚本程序，则需要相应的脚本引擎。

ASP 是基于服务器的动态网页技术，虽然使用前面所介绍的 JavaScript 也可以获得动态网页效果，但是这些脚本程序是客户端运行的。也就是说，在客户端浏览到用 JavaScript 所编写的网页时，整个 JavaScript 的源代码需要下载到客户端。而使用 ASP 技术的脚本则是在服务器端执行的，客户端所显示的只是脚本所执行的结果，客户端看不到脚本的源程序。所以在一些基于安全考虑的数据及源程序等方面，使用 ASP 技术是一种比较好的选择。

编制 ASP 程序可以使用记事本，也可以使用 FrontPage2000/XP，这样可以充分利用 FrontPage 提供的可视化界面来编制 ASP 程序，即使对 SQL（结构化查询语言）等不熟悉的人员也可以编制出简单的 ASP 应用程序。

不过在服务器支持方面，基于 Win32 的 Apache 服务器不支持 ASP。因此 ASP 只能在基于微软公司的服务器上才能得到比较好的支持，比如基于 Windows NT 的（IIS）服务器及基于 Windows 98 的 PWS 服务器等。

正是由于 ASP 页面是在服务器端执行的，因此不可能像使用 JavaScript 那样直接在本地进行调试，而必须为 ASP 页面提供一个服务器的环境。如果在远程有一个（IN）或者支持 FrontPage 扩展的服务器，那么可以在编制完一个页面以后，通过 FrontPage 的发布功能将该网页发布到相应的服务器上，然后打开浏览器，在浏览器中查看该页面的代码执行情况。当然使用远程服务器来调试脚本很麻烦，所以一般都是直接在本地机器上建立一个（HS）或者（PWS）服务器，在完成了 ASP 页面以后，通过 FrontPage 的发布功能直接将其发布到本地机器上的服务器中。这样可以获得更快的连接速度，调试效果也比较理想。

5.流媒体技术

（1）流媒体相关概念

流媒体（streaming media）又称为流式媒体。指在网络中使用流式传输技术的连续时基媒体，如音频、视频或多媒体文件。流媒体技术是一种新的媒体传输方式。它就是把连续的影像和声音经过压缩处理后放在网站服务器上让用户一边下载一边观看和收听，而不需要等整个文件全部下载完毕后才播放。这种方式不仅使播放的启动时延大幅度缩短，也使对系统缓存容量的需求大大降低，并且避免了用户必须等待整个文件全部从 Internet 上下载完毕后才能观看的缺陷。

流媒体技术不是单一的技术，它是建立在网络通信、多媒体技术基础之上的一种新的技术。流媒体实现的关键技术就是流式传输技术。流式传输技术可分为两种：顺序流式传输（prosier streaming）和实时流式传输（real-time streaming）。

顺序流式传输是顺序下载媒体文件，在下载文件的同时用户可以使用媒体文件。用户的使用与服务器上的传输并不是同步进行的，用户是在一段延时后才能看到服务器上传出来的信息，或者说，用户看到的总是服务器在若干时间以前传出来的信息，在这个过程中，用户只能观看已经下载的那部分，而不能要求跳到还未下载的部分。它适合在网站上发布供用户点播的音频和视频。

在实时流式传输中，音频、视频信息可以被实时地使用。在用户观看的过程中还可以快进、快退，但这种传输方式与网络状况密切相关，如果网络状况不理想，则播放的效果较差。

（2）流媒体文件格式

流媒体文件格式有很多，如 RAM、RM、RA、WMA、WMV、ASF、ASX、MOV、MP3、MP4、FLV 等文件都是流媒体文件，不同的流式编码程序产生不同的流媒体格式文件。下面将介绍几种常用的流媒体文件格式。

ASF：ASF（advanced stream formal）是 Microsoft 公司开发的一种多媒体数据格式，音频、视频、图像以及控制命令脚本等多媒体信息通过这种格式，以网络数据包的形式传输，实现流式多媒体内容的发布。ASF 支持任意压缩/解压缩方式，并可以使用任何一种底层网络传输协议，具有很大的灵活性。Microsoft 使用微软媒体服务器（MMS）协议播放 ASF 格式文件。

RM：RM（real media）是 Real Networks 公司开发的一种多媒体数据格式，主要包括 real audio（RA）、real video（RV）、real flash（RF）三个部分。RM 可以根据网络数据传输速率制定不同的压缩比率，从而实现在低速率的 Internet 上进行音频、视频文件实时传送和播放。其中，RA 针对实时音频数据，RV 针对连续实时视频数据，RF 则针对一种高压缩比的动画格式。

MOV：MOV 即 QuickTime 影片格式，它是 Apple 公司开发的一种音频、视频文件格式，用于存储常用数字媒体类型。当选择 QuickTime（*.mov）作为"保存类型"时动画将保存为.mov 文件。

FLV：FLV（flash video）是一种新型的流媒体视频格式。在同等视频效果下，FLV 文件与 RM、RA、WMA、WMV、ASF 等相比较具有更好的网络实时效果，FLV 文件大小是同等播放效果的 WMV 文件的 1/2 左右。FLV 文件克服了导出的 SWF 文件体积较大，不能在网上很好使用的缺点。播放 FLV 文件需要 FLV Player 播放器。

（3）流媒体播放器

流媒体潘放器的功能是接收流媒体格式数据，解码还原成流媒体数据包。Microsoft、Real Networks 和 Apple 公司分别设计不同的播放器以支持各自推出的流媒体文件格式。例如，Microsoft 公司的 Media Player 支持 WMA、WMV、ASF、ASX 等；Real Networks 公司的 RealPlayer 支持 RAM、RM、RA 等；Apple 公司的 QuickTime Player 支持 MOV、MP3、MP4 等。

流媒体技术为网络媒体的传输带来了极大的便利，已经成为影响 Internet 的又一大技术。流媒体技术是 E-Learning 系统制作过程中必不可少的技术，其作用是不可估量的。由于流媒体技术的出现，使得 E-Learning 系统中经常使用的动画媒体、教师授课视频信息等内容得以快速、高质量地传送到客户端。如若没有流媒体技术，E-Learning 系统的质量将大打折扣。流媒体技术同样为远程教育、终身教育及资源的共享提供一种解决方案。

6.智能代理技术

智能代理（intelligent agent）又称智能体，是人工智能研究的新成果，它是在用户没有明确具体要求的情况下，根据用户需要代替用户进行各种复杂的工作，如信息查询、筛选及管理，并能推测用户的意图，自主制定、调整和执行工作计划等。

智能代理一般被认为是在分布式系统或协作系统等环境中能够灵活、主动地活动以完成任务的计算的实体。它具备以下几个特性：

（1）自主性（autonomy）。自主性是 agent 的一个重要属性，能在没有人类或其他 agent 的直接干涉和指导的情况下持续运行，并能根据其内部状态和感知到的环境信息，决定和控制自身行为。

（2）社会性（social ability）。通过某种 agent 通信语言与其他 agent 实施灵活多样的交互和通信、能够有效地与其他 agent 进行合作。

（3）反应性（reactivity）。agent 能够感知所处的环境，能对环境中发生的相关事件在一定时间内做出反应，以适应环境。

（4）主动性（pro-activeness）。agent 是一个目标制导（Goal-Directed）的行为实体。为了实现其内在的任务能够遵循承诺采取主动的行动，主动做出反应。

对于某些特定领域的研究人员而言，agent 还有其他性质和特征如：合理性、适应性、合理性等。常见的 agent 开发工具有 Java 语言、ACL、KQML 等。agent 在 E-Learning 系统中的主要作用在于提供实时的、个性化的学习帮助。

第三节　信息化学习资源的获取

互联网时代，人们的学习、工作和生活与网络密切相关，网络称为不可缺少的平台。在浩如烟海的网络资源平台里，要想快速获取所需的资源，学习者就需要具备一些信息检索的知识和技能。搜索引擎就是一门检索技术，它是随着互联网技术发展起来的，目的是解决在海量信息中快速获取用户所需要资源的问题。

1.搜索引擎

搜索引擎是伴随着互联网技术产生与发展起来的。在互联网发展的早期，

网站信息相对目前而言信息量并不大，网站的数量也不多，用户也是有限的，对网络信息资源的查找相对容易。但随着飞速发展的信息技术与网络技术，网络资源浩如烟海，互联网用户不计其数，网络资源也急速膨胀，搜索引擎技术也从第一代发展到了第四代。搜索引擎是指能根据用户需要，接受用户信息查询的指令，在互联网或数据库中进行信息采集后，将查询结果反馈给用户的一种平台，通常是网站形式。搜索引擎的信息采集是根据一定的算法、运用特定的计算机程序从互联网上或数据库中获取，然后进行信息的加工和处理，最后将处理后的检索结果呈现给用户。

搜索方式是搜索引擎的一个关键环节，依据搜索方式的不同，大致可分为四种：全文搜索引擎、目录搜索引擎、垂直搜索引擎、元搜索引擎和门户搜索引擎等。每一种搜索引擎的工作原理有差异，也各有特点，适用于不同搜索诉求。因而用户在使用搜索引擎之前，了解不同搜索引擎的特点，选用合适的搜索方式，可以大大提高搜索信息的效率。

（1）全文索引

全文搜索引擎是利用爬虫程序抓取互联网上所有相关文章予以索引的搜索方式。全文搜索引擎是目前使用最广泛的搜索引擎，例如，国内著名的搜索引擎百度（https://www.baidu.com/），其搜索方式就是全文搜索，从互联网上搜集大量的网页信息，建立起庞大的网页信息数据库。当用户有检索需求时，用户在检索栏中键入关键字，搜索引擎根据用户输入的关键字，在数据库中进行匹配查询，如果查询到和用户需求相关联的网页信息，搜索引擎会根据搜索算法，对检索的网页进行排序，而后将查询结果以一定的顺序呈现给用户，为用户进行下一步的访问提供桥梁。

全文搜索引擎是绝大多数网络用户都适用的搜索引擎。这种搜索方式简单、易操作，用户只需要键入关键字，剩余的工作都可以由搜索引擎代为完成。但当用户键入的关键字和搜索引擎数据库匹配度较高时，就会搜索到大量的信息，用户需点击网页链接后，才能了解到具体的网页信息是否是自己所需，在一定程度上时间成本较高。

（2）目录索引

目录索引，类似图书目录分类树形结构索引，又称其为分类检索。主要是依赖人工搜索和处理互联网资源，将搜索到的网页内容根据目录编辑人员的判定，将网页内容放置于相关的分类主题目录下。用户在搜索信息时，需要按分类目录逐层查找所需要的信息。这是因特网上早期提供网络资源查询的服务方式之一，具有代表性的目录索引如雅虎 Yahoo、新浪分类目录搜索，目前通过目录索引的方式搜索互联网资源的用户相比全文索引少很多。从严格意义上来讲，目录索引还不算是搜索引擎。

目录索引和全文索引的差别主要体现在以下方面：

搜索引擎是通过一定的算法自动检索信息的，但目录索引是依赖人工搜索获取信息。目录索引的各种限制较多，且要求手工输入网站信息，有时登录不成功。搜索引擎的搜索结果是按照用户输入的关键字和网页资源或数据库中数据匹配程度、出现的频次等排序的，而目录索引大多是按照标题字母先后顺序排列的。目前，全文索引与目录索引有相互融合渗透的趋势。

（3）搜索引擎中查询的基本方法

使用搜索引擎查询信息时，需要用户键入关键字，而后点击"搜索"，用户只需要等待搜索列表，至于搜索引擎是怎样实现搜索功能的，对一般用户而言是透明的，用户不需要深入地了解搜索引擎的内部工作机制，只要掌握搜索引擎的使用方法就可以了。下面我们以在著名搜索引擎百度的使用方法为依托，介绍使用关键字查询的相关知识。

①关键字查询

当搜索的关键字只有一个时，在搜索栏中只需要输入该关键字，再点击"百度一下"按钮就可以了。当搜索的关键字有多个时，在输入关键字时，要在关键字之间加"空格"，再点击搜索，搜索引擎反馈的搜索列表就会包含所输入的全部关键字。通常，可以采用多关键字的方法，以便缩小搜索范围，提高查询效率。例如，要查询琼台师范学院招生计划相关信息，可以在搜索栏中直接输入"琼台师范学院招生计划"，再点击"搜索"；同样，也可以采

用多关键字查询的方法，在搜索栏中输入"琼台师范学院 招生计划"（"琼台师范学院"和"招生计划"中间添加空格）或者输入"琼台师范学院 or 招生计划"。多关键字的搜索比单独输入"琼台师范学院"或者"招生计划"的查询效率高。

②排除某些信息的搜索

通常，在使用关键字查询信息时，我们不希望某些特定信息出现，而把一些特定信息从搜索列表中排除，那么在输入的待排除的检索关键字之前需要加一个空格和减号"−"。例如，查询琼台师范学院相关信息，但不希望招生信息出现，可以在搜索栏中直接输入"琼台师范学院−招生"，再点击"搜索"。

③完全符合关键字的查询

在百度搜索中，搜索列表中不但会列出完全符合关键字的网站，搜索引擎也会根据输入的关键字，给出一些分词处理后的网站列表。例如，我们输入关键字"数字化资源"，会发现搜索列表中既有完全符合关键字"数字化资源"的网站列表，也还有一些如"数字化""资源库""数字资源""资源"等分词的搜索列表。如果检索者限定仅仅只出现完全符合关键字的搜索列表，那么就要在为键入的关键字添加双引号""，如上述例子，在搜索栏中输入"数字化资源"，再点击"百度一下"。这种方法可以准确、高效地搜索到需要的特定关键字列表。

④使用通配符的查询

通配符是键盘符号星号（*）和问号（?）。通配符用于模糊搜索中，当查找信息时，不能确切知道关键字，可以用通配符来实现模糊查询。星号（*）可以代替关键字中的多个字符，其代替的数量没有限制。通配符问号（?）可代替的字符数量受到严格限制，只能代替关键字中的 1 个字符。使用通配符的模糊查询大多用在英文搜索中。例如，查找"Systems"或与其类似的关键字，则可以使用通配符"Sys*ms"或"Sys?ems"。使用通配符的模糊查询同样适用于系统中的文件查询。

有一些搜索引擎还有高级搜索功能，可以指定搜索结果中所包含的关键字，指定网站域名、网站标题、文件格式等。在进行具体的检索查询过程中，关键字的选取以及对关键字的处理极大地影响检索的效率和检索的结果，需要在具体的使用过程中逐渐积累。

2.下载工具

下载工具是可以帮助用户从互联网上下载各类信息资源的软件总称。使用下载工具从网络上面获取一定的数字化资源种类齐全，包括文本、图像、图形、音频、视频、动画以及各类软件等。使用下载工具下载资源最大的优势就是节省使用者下载的时间，当下载过程中网络不稳定或其他原因引起的下载操作中断，下载工具可以在下一次网络恢复正常或者故障排除后自行接着中断点继续下载。大部分的下载软件具有资源管理功能，可以很好地把下载到本地电脑上的资源进行分类、排序等操作方便下载者使用，提高了资源的使用效率。

目前，大多数下载软件属于免费软件，有些甚至是开源软件，但也有部分软件是收费软件。较为流行的下载类的工具有很多，常用的工具有迅雷（Thunder）、QQ旋风、快车（FlashGet）、优酷下载器、比特彗星（Bitcomet）等下载软件。其中，迅雷（Thunder）是迅雷公司（Thunder Network）开发的一款基于多资源超线程技术的下载软件。在众多下载工具中性能良好，同时支持 FTP、BT、eD2K 等下载协议。迅雷针对宽带用户做了优化，并同时推出了"智能下载"的服务。注册迅雷会员可以享受迅雷提供的更快速的下载速度和更多的增值服务与特权。

参考文献

[1] 谷俊杰.浅谈使用 Dreamweaver 制作学校图书馆网页[J].中国科技信息,2008,(03).

[2] 张键.高校体育领域计算机智能网络课程构建探析[J].浙江体育科学,2005,(03).

[3] 秦静茹.基于 MOOC 平台的图书馆读者服务模式研究[J].河南图书馆学刊,2016,(08).

[4] 谢幼如,何清超.网络课程的开发与应用[M].北京:电子工业出版社,2005.24.

[5] 陈刚.基于 Android 的生鲜农产品订单管理系统设计[D].长沙:湖南大学硕士论文,2017.

第五章　基于信息技术与课程融合的教学改革探究

第一节　信息技术与课程融合之课程类型

信息技术与课程的深度融合可以使各个学科的课程结构、课程内容、课程资源以及课程的实施过程融为一体，从而更好地达成课程的教学目标，并提升学生信息获取、分析、加工、交流、转化、创新和运用的能力，更好地培养学生的协同合作、自主探究的学习能力。面对信息技术与课程融合的要求，传统的教学资源（如 PPT）已经无法满足学生课内外学习的需求，学生已经对学习资源的数量和类型提出了新的诉求，要求有足够量的学习资源方便学生随时随地开展学习。在此诉求的背景下，教师唯有将多年积累的丰富教学资源转换为学习资源，才能满足学生日益增长的学习需求。在教学资源转换成为学习资源的过程中，微课、微视频、微课程、私播课、慕课都是较好的课程类型。

1.微课

（1）微课的内涵

微课是"微型视频网络课"的简称，是一种以微型教学视频为载体的在线视频课程资源，其设计开发主要围绕某个特定学科知识点或教学环节展开，也有学者认为，微课是指运用信息技术按照认知规律，呈现碎片化学习内容、过程及扩展素材的结构化数字资源。微课的核心组成内容是课堂教学视频，同时还包含与该教学主题相关的教学设计、素材课件、教学反思、练习测试

及学生反馈、教师点评等辅助性教学资源，它们以一定的组织关系和呈现方式共同"营造"了一个半结构化、主题式的资源单元应用"小环境"。

（2）微课的特点

①资源容量小，不受时空限制

在微课教学模式中，其核心组成部分为教学视频。教学视频通常在5~8分钟左右，较少超过10分钟，视频大小通常仅为几十兆，资源容量较小；且微课视频可通过网络在线播放直接在线观看，也可通过手机、IPAD等移动载体下载观看，使学生实现随时随地观看和学习，不受时空限制。

②主题突出，视频形式直观形象

微视频的时长，决定了微视频内容普遍精炼，关于问题的讲授比较集中，是对课堂教学中某一学科知识点与教学环节的重点反映，每一节微课仅有一个突出主题。教学实践中的具体问题，是微课研究问题的来源，如课堂教学中的重难点、课堂教学方法或教学反思等，具有很强的针对性。与此同时，在各种教学资源类型中，视频资源相对文字来说，内容更加直观形象；相对图片来说，情境化更为真实。

③交互性强，受不确定因素影响小

在微课教学模式中，教学双方可通过多种方式对微课视频进行共享和传播，教师通过微课视频点播率与微课评论区，即可了解学生的学习情况与教学评价，交互性较强。另外，在传统教学模式中，教学效果具有即时性，不仅容易为教师个人教学状态所影响，还容易被学生个人听课状态等不确定性因素所影响。而微课作为教师专门录制的教学片断，可随时修改或重录，可有效规避不确定因素的影响，减少课堂教学中的意外与失败。

（3）微课在高等教育教学模式中的优势

①微课有利于弥补传统高等教育教学模式的不足，有效辅助课堂教学

当前，教学模式主要有三种：其一为传统课堂教学，其二为在线学习，其三为混合学习。长期以来，高等教育都以传统课堂教学模式为主。随着多媒体教学的开展，高等教育课堂中也开始对一些短小的教学视频加以引用，

以辅助课堂教学。但以往的在线视频并非由教师本人录制，通常针对性不强，包含众多知识点，需要教师重新进行节选和加工，对于部分高校教师来说使用难度较大，且较为浪费时间。在教学改革的推动下，高等教育教学逐渐加强对学生课堂参与度的重视，但传统教学模式当前还较难满足这一要求。而微课这种混合学习模式作为一种新兴的回馈式教学，要求学生在课前对需要学习的视频进行观看。在课堂教学中，师生主要围绕视频内容中的知识点直接展开讨论。在该种教学模式下，能够有效激发学生的能动性。对于传统高等教育中以教师讲授为主的教学模式来说，微课教学无疑是一种提升学生课堂参与性的重要辅助手段。

与此同时，微课视频的展开主要以某一个知识点或例题等为中心，是一种有序组织起来的知识点，教学讲述形象直观，能够帮助学生对传统教学中的重难点有效掌握，为教师传统课堂教学创造便捷的辅助条件。且微视频具有多样化的传播途径，即便课堂中有些知识点未掌握或漏掉，学生也可通过课下对微视频的反复观看进行自主学习。由此可见，微课教学可有效弥补高等教育课堂教学模式的不足。

②微课有利于学生扩展学习与教师教学水平的提高，提升教学效率[4]

高等教育要求具备独立自主学习能力，强调"授人以鱼"不如"授人以渔"。学生在高等教育阶段，除了可对专业课程进行学习，还可对其他专业技能进行学习，参加多门专业认证考试。在非专业学习中，微视频的应用就能够给学生提供系统的在线学习资源和资源共享环境，有效帮助学生进行课外扩展学习，对学生扩展学习十分有利。

微课教学在高等教育中的应用，还利于提高高校教师的教学水平。高校教师教学水平的提高，不仅与其自身教学经验有关，还与教师彼此间的交流、切磋以及教师本人的学习有关。在微课教学模式下，教师通过微课平台，可加强与各地教师的交流，对彼此的教学经验、视频制作方法等进行分享，推动隐性知识向显性知识转化，最终运用到教学实践中。微课教学中教师所制作的微课视频，是教师教学思想与教学设计的直观体现，综合了教师的教

学经验与智慧，教师对微课教学视频进行上传和观看后，除了共享教学资源外，还包括各自的教学心得，给其他教师提供了宝贵的经验财富，有利于高校教师教学水平的不断提高，进而促进教学效率的提升。

（4）微课与高等教育教学模式有机结合的对策

在当前全媒体环境下，高校应抓住机遇，迎接微课教学模式给高等教育传统模式带来的有效改革，不断深化微课教学，积极推动微课与高等教育模式的有机结合，使微课有效地服务于高等教育。

①加强对微课教学应用的支持，改善高等教育教学环境

高等院校应正确认识微课教学的优势，加强对微课教学应用的支持，积极引导微课与高等教育模式的结合，扩大微课教学在高等教育中的发展空间与发展平台，借助微课的优势改善高等教育教学环境。高校教师在教学过程中，对于微视频的作用应充分利用，使微课教学成为高等教育教学内容中不可或缺的一部分。不过，虽然微课教学在高等教育中具有诸多教学优势，但其仅仅是一种辅助教学手段，教师可将微视频作为主体，对其他辅助教学材料同时加以借助，构建良好全面的高等教育教学环境，满足高校学生多方面的教学需求。当前，高等教育教学内容主要包括两方面：专业理论知识和实践操作能力。通过这种综合教育提高高校学生的综合素质。微课在高等教育中的应用，也应将微视频分为两种，即针对理论教学的知识型微视频和针对实践能力培养的应用型微视频。知识型微视频的主要目的在于使学生对专业课程理论知识进行了解和掌握；应用型微视频的主要目的在于帮助学生掌握解决实践中所遇问题的能力，使微课教学目标能够实现与高等教育传统课堂教学目标的一致性。

②围绕高等教育教学实际与环境，开展有针对性的微课教学

在当前互联网快速普及的环境下，微课教学应用是高等教育改革的必然趋势和要求，对提高教学质量具有重要意义。但高校还必须认识到，当前高等教育的主要教学手段依然是课堂教学，微课教学应作为一种辅助手段运用其中。因此，教师在开展微课教学的过程中，必须围绕高等教育教学实际与

环境，通过微课教学对高校传统课堂教学模式进行完善和调整，以帮助学生在课堂教学中对专业知识和技能更加快捷有效地掌握。在高等教育教学开始前，教师应指导学生进行课前预习，通过课程知识相关微视频自由地选择学习时间和地点，对课程知识点提前理解和掌握。教师可建立班级 QQ 群、微信群等，以供学生在微课学习中对可能遇到的问题进行讨论，加强师生之间的交流。教师还需要及时给予学生帮助，并根据学生的学习情况对问题做出归纳和整理，使课堂教学更具针对性。

对于高校教学改革的方针政策，教师也必须加以把握，根据改革内容，对内容一致的微课视频进行录制，以使微课视频真正地与高校传统课堂教学融为一体。与此同时，微课教学还必须立足传统课堂教学大纲这一基础，针对微课视频制定相关的意见指导书，将高等教育课程中要求的知识全部列出，围绕课程中的知识点对微课视频进行录制，特别是高等教育课程中的重难点更应成为微视频的内容重心，以使微课教学与高等教育课程全面地结合起来。在微课视频的制作中，还需要对合适的形式进行选择，微课视频的形式必须适合高等教育学生的使用，也要适合高等教育教师的使用。高等教育微课教学，应避免对过于花哨形式的使用，以免给学生微课视频学习效果带来负面影响。[14]此外，高等教育微课视频内容，还需要从学生学习程度出发，兼顾不同层次的学生，提高微课教学的针对性，使每个学生都能够从微视频学习中有所得。

③改革高等教育传统评价体系，完善微课教学评价体系

与高等教育传统教学模式相比，微课教学作为一种全新教学模式，各方面均存在显著区别。高等教育模式中的传统教学评价体系，已经不适合当前的微课教学。针对微课教学模式，高校应在公平、公正、公开原则基础上对一套适合微课教学的科学评价体系进行建立，其考核与评价的内容不仅需要包含教师微课教学的效果，还需要包含微课教学活动情况以及微课教学交流研讨情况。在这些评价内容中，应将微课教学互动情况作为考核评价主要内容。在评价依据上，除互动平台中学生对教师微课提问量、访问量外，还应

综合互动平台中教师对学生的回答率，对教师微课教学能力进行综合、合理的判断。对于评价结果，应将其及时地反映到相关课程教师手中，让教师在最短的时间内认识到自身在微课教学中的不足之处，并根据评价内容对微视频内容、教学方式等不断进行完善，促进微课在高等教育模式中应用质量的提升，并在带动高等教育质量提升的同时，促进高校学生学习效果的提高。

相比传统高校教育模式，微课是一种创新型教学，表现出鲜明的形态特征。基于微课在高等教育模式中的优势，高校应加强对微课教学应用的支持，围绕高等教育教学实际与环境，开展有针对型的微课教学，对微课教学评价体系不断完善，实现微课与高等教育模式的有机结合，推动高等教育质量不断提升。

2.微课程

(1) 微课程的定义

微课程（Micro Lecture）是信息技术快速发展的资源产物，是一种新型的能满足在线学习和移动学习的课程资源。[2] 美国高级教学设计师戴维·彭罗斯（David Penrose）于 2008 年首次正式提出这一概念。目前在微课程领域较有影响力的是萨尔曼·可汗（Salman Khan）创立的可汗学院，它向世界各地的网络学习人员提供免费的高品质的学习服务。

作者阅览众多文献，发现国内尚无形成统一的微课程概念。胡铁生老师于 2010 年最早提出微课程概念。他认为，微课程能更好地满足学生对不同学科知识点的个性化学习，可以作为传统课堂学习的一种重要补充和拓展资源。何文涛等认为，微课程是指从教师和学生的实际需要出发，针对一个小单元具体问题，运用构建主义方法，通过视频或文档的方法将知识脉冲重新编排形成的微教学资源。[2] 随着微课程在国内不断推广，众多学者投身于相关研究工作。有人尝试用微课程来辅助教学，有人将微课程资源投放到个人或他人开发的慕课平台上，以实现"翻转课堂"。更多地把微课程视频和相关资料作为教学资源，在校园网内共享，供学生下载学习。

(2) 微课程特征及其分析

据相关文献研究，微课程的典型特征如下：

①短小精悍，使用灵活。微课程时长一般控制在几分钟至 20 分钟以内。它把教材内容进行碎片化、情景化、重组整合，把复杂的教学内容制作成可融合于课堂、可移动地服务于开放教育和终身教育的视频单元，便于学习者碎片化学习。

②领域宽广，应用广泛。考虑继续教育、移动学习、教师培训、教学辅助资源以及全局观的信息资源系统建设等应用目的，微课程未来的教育应用主要用于智慧教育的入境学习和泛在学习、继续教育移动学习、教师专业发展培训学习、优质微视频信息资源系统建设等。

③资源丰富，情景真实。微课程教学内容选题范围广泛，内容集中。微课程主要以教学微视频为主要呈现形式，包括课程导入、教学目标、教学内容、教学活动、教学资源（多媒体课件等）、教学反馈（教学反思，学习点评）、练习测试等，为学习者设计类似于传统课堂教学的切身情景。

④目标明确，主题鲜明。微课程围绕一个知识点或者一个教学主题单元进行设计，包括以知识点或主题单元展示的教学内容设计、教学活动开展、教学资源呈现、教学效果评价等，学习目标更加明确、主题更加鲜明、内容更加精细、教学互动效果更强。

⑤结构体系完整，独立性强。微课程拥有完整的教学体系和知识结构，但围绕一个知识点或者一个教学主题单元进行设计的微课程视频却有较强的独立性，学习者可以根据需要选择性地学习。

⑥入手简单、易于开发。对于大部分教学人员来讲，微课程制作的难点主要集中在技术层面。随着微课程制作软件的出现，各种难易不等的平民制作工具可供选择，如 Camtasia Studio、MS PowerPoint、SnagIt 录屏软件、手机、IPAD 和普通摄像机等。

（3）微课程对教育的影响

①推动高职课程内容改革

高职教育教学的传统课程观依据的是教师按照知识结构的整体概念，一步步按照顺序循序渐进地为学生讲解知识要点，让学生从易及难、从点及面

地全方位掌握知识点，形成自己的知识体系；但是，"微课程"突破了传统认知上由老师指定的传授知识的线性体系，学生可以依照自己的大脑知识储备量和对知识的不同需求，有针对性地进行选择学习，弥补自己大脑知识储备量上的不足，由点、线性接受转变为全方位地接受知识。

②促进教学方法的改革创新

虽然"微课程"在我国出现的时间较晚但其影响力却很大，全新的"微课程"教学活动之中，学生是不可以或者不会和老师直接面对面进行教学的，而是在老师的引领之下，通过自己自觉主动地积极学习，产生比课堂督促学习更为直接的学习效果。所以，"微课程"对以往认知上的教学方法造成了突破，促进了教学方法的创新。一是，"微课程"打破了以往旧有的教学模式；二是，"微课程"打破了教师在以往教学活动中保持的"一遍性"学习；三是，"微课程"促进了高职教育教学方法的推陈出新。

③激励教师提升自身教学能力

多媒体技术、网络信息技术在当今教育领域的发展开启了"微课程"教学模式，使高职课堂教学变得更加细腻、表达形式更为丰富和生动、授课方式更加具有广泛影响力，这也就要求高职教师需要进一步提升自己的教学能力。首先，"微课程"的教学需要教师具有专业的教学知识和丰富的教学经验。"微课程"首要的就是发布在大众网络电脑上，网络要求也是对外开放的，学生的学习模式转变为在线或远程教学。其次，"微课程"教学帮助教师进一步精细化教学设计大纲。如果教师在"微课程"中讲解的专业课本知识内容不够丰富化或教学素养能力不够专业化，教授的知识和内容不能吸引学生的兴趣，学生就有很大可能不会选择你所讲授的课程，而选择其他教师，"微课程"教学促进了教师教学能力的多方位发展。"微课程"是视频、音乐、图片、动画、PPT等多种媒介信息技术加以集成的多媒体表达方式，制作"微课程"的具体过程本身就是老师进一步学习、提升自己教学能力的过程。

3.微视频

（1）微视频的定义

微视频（又称视频分享类短片）是指个体通过PC、手机、摄像头、DV、

DC、MP4 等多种视频终端摄录、上传互联网进而播放共享的短则 30 秒，长则一般在 20 分钟左右，内容广泛，视频形态多样，涵盖小电影、纪录短片、DV 短片、视频剪辑、广告片段等的视频短片的统称。短、快、精、大众参与性、随时随地随意性是微视频的最大特点。

（2）主要特征

①微视频具备互动性

视频媒介可以进行单向、双向甚至多向的互动交流。观看者的回复也为该节目起到了造势的作用，比如有较高争议率的节目的点击率往往都是直线飙升的。

②微视频具备娱乐性

微视频对受众主体地位的强调及媒体内容选择的内在动力，造成微视频高举娱乐大旗，其提供展示的也多是轻松有趣的关于音乐、明星、旅游、动物等分享类的视频。从这点上说，微视频已成为大众解除心理负担、缓和精神压力的通道，同时也是人们分享信息、分享快乐的方式方法。微视频内容的娱乐性与草根性紧密黏合，成为当下微视频短片日益深入人心的一个重要原因。

③微视频是"快餐性"文化

微视频的"短、快、精、随时随地随意性"正好迎合着时代。瞬息万变的社会中，高频率、快节奏使得散居者往往不再寻求精英文化，他们希望时间上简短、意义上精炼，而微视频正是在这种快餐文化诉求中发展壮大。

④微视频是非权威、低门槛的，主要以娱乐功能为主

网络视频节目制作者分散，水平参差不齐，节目的上传仅仅代表个人行为，并不与发布网站的舆论形象挂钩，因而不具有权威性。由此，显得更加大众化。

（3）微视频对教育的影响

①微视频对课堂教学的影响

在传统课堂教学过程中，教师在课前布置给学生阅读的文字材料和多媒

体素材还不能够吸引学生主动去阅读和学习，学习效果就不言而喻了，这会导致教师在课堂教学过程中知识内化的失败，无法顺利地完成课堂的翻转。而当类似可汗学院的微视频出现之后，教育研究者通过观察和问卷调查的形式，发现微视频可以替代教师进行知识传授，学生可以针对自己感兴趣的知识点或不易掌握的知识内容反复观看，促进了知识的内化，并使翻转课堂成为当前各类学校广受欢迎的教学模式。

②微视频对学生自主探究式学习的影响

"兴趣是最好的老师"。利用声像结合、图文并茂的微视频来教学，因其时间短、内容精、存储空间小的特点，学生在教学习中能时刻保持浓厚的兴趣和专注力。在学习过程中遇到困难的时候，学生可以观看微视频素材和学习资料，开展自主探究式学习，有效地促进了学生自主课堂学习的构建。

③微视频对教师自身发展的影响

通过制作微视频教学资源，教师需要自主了解并学习许多相关的软件，包括截图、录屏、视频制作、PPT美化、声像合并等工具，它让教师从视频制作的过程中追问、思考、发现和创新，教师不仅仅是知识的学习者和传授者，同时也是教学资源的开发者和创造者。通过微视频的制作，教师懂得如何选取教学内容，突出重点难点，设计教学过程，语言表达简明扼要，也可以开拓自身的视野，实现教学观念、教学技能的迁移和提升。从而迅速提升教师的课堂教学水平、教研能力，促进教学自身的发展。

4.私播课

（1）私播课的含义

SPOC（small private online course，小规模限制性在线课程）这个概念是由加州大学伯克利分校的阿曼德·福克斯教授最早提出和使用的。small 和 private 是相对于 MOOC 中的 massive 和 open 而言，small 是指学生规模一般在几十人到几百人，private 是指对学生设置限制性准入条件，达到要求的申请者才能被纳入 SPOC 课程。

（2）私播课的特点

SPOC 是对 MOOC 的发展和补充，简单理解为：SPOC=MOOC+课堂，不仅弥补 MOOC 在学校教学中的不足，还是一种将线上学习与线下相结合的混合式教学模式，采用 MOOC 视频实施翻转课堂教学。

SPOC 主要教学过程是：教师根据教学大纲，每周定期发布视频教学材料，布置作业和组织网上讨论。学生在学习清单的引导下按照时间点完成视频观看、作业和参加讨论。在课堂上教师进行课堂授课，处理网络课程答疑，并进行课堂测试。spoc 利用 mooc 技术支持教师将时间和精力转向更高价值的活动中，如讨论、任务协作和面对面交流互动等。

SPOC 是融合了实体课堂与在线教育的混合教学模式，既融合了 MOOC 的优点，又弥补了传统教育的不足。在进行 SPOC 教学设计时，需要注意网络教学平台只是知识传授的载体，课堂授课才是巩固教学效果和掌握教学节奏的关键。

（3）私播课的应用

当前的 SPOC 教学案例主要是针对围墙内的大学生和在校学生两类学习者进行设置的，前者是一种结合了课堂教学与在线教学的混合学习模式，是在大学校园课堂采用针对性较强的在线教学资源，如 MOOC 视频（或采用通过教学适用性评估的在线资源及相关评价等功能），实施翻转课堂教学。其基本流程是，教师把这些在线教学资源（如视频材料或互动课件）当作做家庭作业布置给学生，然后在实体课堂教学中回答学生的问题，了解学生已经吸收了哪些知识，哪些还没有被吸收，在课上与学生一起处理作业或其他任务。总体上，教师可以根据自己的偏好和学生的需求，自由设置和调控课程的进度、节奏和评分系统，后者是根据设定的申请条件，从全球的申请者中选取一定规模（通常是 500 人）的学习者纳入 SPOC 课程，入选者必须保证学习时间和学习强度，参与在线讨论，完成规定的作业和考试等，通过者将获得课程完成证书。而未申请成功的学习者可以以旁听生的身份注册学习在线课程，例如观看课程讲座视频，自定节奏学习指定的课程材料，做作业，参加在线讨论等，但是他们不能接受教学团队的指导与互动，且在课程结束时不会被授予任何证书。

（4）私播课对教育的影响

①SPOC 授课模式符合高职教育人才培养的目标

2012 年教育部颁发的《国家教育事业发展第十二个五年规划》指出，高等职业教育重点培养产业转型升级和企业技术创新需要的发展型、复合型和创新型的技术技能人才。可见，高职教育培养的学生既要具备熟练的操作、经营等技能，又要掌握扎实的理论知识、积累丰富的实践经验才能满足这一培养目标。普通的授课模式是以课堂为主，所有知识的传授都在课堂之上，教师为了完成课程授课计划无暇顾及学生对知识的理解程度，更别提职业道德、培养学生素质教育的内容，也无法调解学生接受知识速度不同、程度不同的矛盾。SPOC 教学模式正好可以解决这样的问题，教师将以往上课的视频或者幻灯片等资料在课前发布给学生，让他们提前预习，上课时就可以有时间对学生的问题进行解答，组织具体案例讨论、操作，使学生对知识理解掌握更加深刻；对接受知识慢的学生也可以单独辅导；更加可以利用充实的案例对学生进行素质教育，提高他们的职业道德。避免了以往授课模式培养出的刻板只会操作的低技能型人才的缺点。

②SPOC 授课模式对高职教师的影响

教师一直都是知识的传授者，但是 SPOC 让教师变成了知识的促进者和指导者，这就要求教师能够熟悉各种学习活动的组织方法，如基于问题的学习、基于项目的学习、小组学习、游戏化学习、角色扮演等等；在课堂上，教师一直不停地讲解，学生的参与程度几乎为零，但是 SPOC 让教师成为学习过程的引导者，通过学生的讨论、答疑、练习等参与强化知识的掌握，这也促进教师对本学科知识的加深理解；教师对于课程的评价基本以平时出勤、作业和最后考试成绩为主要指标，但是 SPOC 要求教师更加完善课程的评价体系，比如加大学生的课堂表现在成绩中所占的比重或者采取写论文代替最后考试的形式等，才能公平公正地考核一门课程。

③SPOC 授课模式对高职学生的影响

能否对教师提前给予的资料进行预习，是 SPOC 授课模式能否成功的关键，这就要求学生具有一定的自主学习能力。作者曾对所执教的四个班级共235 名学生进行问卷调查，其中 10%的学生认为自己的自学能力很好，38%的学生认为自己的自学能力较好，45%的学生认为自己的学习能力一般，7%的学生认为自己的学习能力不好。综合上述结果可见，高职学生的自学能力较强，可以完成课前预习。除此之外，SPOC 授课模式让学生充分参与课堂教学，通过学生提问、学生之间讨论可以增强学生的主体意识，增加它们的学习主动性和积极性。

5.慕课

（1）慕课的含义

慕课（MOOC），即大规模开放在线课程，是"互联网+教育"的产物。英文直译"大规模开放的在线课程"，是新近涌现出来的一种在线课程开发模式。所谓"慕课"，顾名思义，"M"代表 massive（大规模），与传统课程只有几十个或几百个学生不同，一门 MOOCs 课程动辄上万人，最多达 16 万人；第二个字母"O"代表 open（开放），以兴趣导向，凡是想学习的，都可以进来学，不分国籍，只需一个邮箱，就可注册参与；第三个字母"O"代表online（在线），学习在网上完成，无须旅行，不受时空限制；第四个字母"C"代表 course，就是课程的意思。

（2）慕课的特点

①大规模：不是个人发布的一两门课程；"大规模网络开放课程"是指那些由参与者发布的课程，只有这些课程是大型的或者叫大规模的，它才是典型的 MOOC。

②开放课程：尊崇创用共享（CC）协议；只有当课程是开放的，它才可以称之为 MOOC。

③网络课程：不是面对面的课程；这些课程材料散布于互联网上。人们的上课地点不受局限。无论你身在何处，都可以花最少的钱享受美国大学的一流课程，只需要一台电脑和网络连接即可。斯坦福大学校长约翰·L.汉尼希（John L. Hennessy）在一篇评论文章中解释说："由学界大师在堂授课的小班

课程依然保持其高水准。但与此同时，网络课程也被证明是一种高效的学习方式。如果和大课相比的话，更是如此。"

MOOC 与过去的国家精品课程及其他网络课程的不同之处在于：

A.MOOC 是著名教师为你上课，而不是你看著名教师给他的学生上课。

B.可以与网络上同修这门课的同学一起交流、相互结成小组、批改作业、留言，共同进步。

C.课程学习结束并完成作业，能够获得老师签字的结业证书。

D.课程安排自由，一周内自定步调学习，自由安排。但是随着 MOOC 平台上课程数量和学生数量的增加，也引发了教学质量问题：

a.由于课程没门槛，学生的基础差别大，就会挫伤基础较差学生的学习积极性。

b.由于开放性让学生学习没有紧迫感，课程完成率不到 5%。

c.属于纯网络教学模式，教师不能很好地掌握学生的学习情况，影响效率。

（3）慕课的应用

MOOC 课程在中国同样受到了很大关注。根据 Coursera 的数据显示，2013 年 Coursera 上注册的中国用户共有 13 万人，位居全球第九。而在 2014 年达到了 65 万人，增长幅度远超过其他国家。而 Coursera 的联合创始人和董事长吴恩达（Andrew Ng）在参与果壳网 MOOC 学院 2014 年度的在线教育主题论坛时的发言中谈到，现在每 8 个新增的学习者中，就有一个人来自中国。果壳网 CEO、MOOC 学院创始人姬十三也重点指出，和一年前相比，越来越多的中学生开始利用 MOOC 提前学习大学课程。以 MOOC 为代表的新型在线教育模式，为那些有超强学习欲望的"90 后""95 后"提供了前所未有的机会和帮助。Coursera 现在也逐步开始和国内的一些企业合作，让更多中国大学的课程出现在 Coursera 平台上。

而在中国的 MOOC 学习者主要分布在一线城市和教育发达的城市。目前，我国上线慕课数量已达 5000 门，学习人数突破 7000 万人，慕课总量、参与开课学校数量、学习人数均处于世界领先地位，我国已成为世界慕课大国。

2019 年 4 月 9 日，参加中国慕课大会的 600 位代表汇聚北京，为办好更加公平更有质量的中国高等教育，就中国慕课的更快建设、更好使用、更有效学习、更有序管理，共同发表《中国慕课行动宣言》。

比较有名的平台有中国大学 MOOC、网易公开课、清华学堂在线、酷学习、慕课网、国外的 Coursera、EDX、Udacity、WEPS、Open2Study、FutureLearn、NovoED 等。

（4）慕课对教育的影响

慕课的出现革新了现代教学模式，使高等教育获得新的发展契机，对高等教育产生较大的影响和挑战。

①促进教学理念创新、教学主体转变

在应用 MOOC 平台的过程中，高职教师应转变教学理念，真正关注学生学习的需求，而不是简单地完成教学任务。教学的主体从教师转变为学生，教学过程中把重心从以教师"教"为主转移到以学生"学"为主，这就要求高等职业教育的教师创新教学理念，对于教学过程的设计，不仅要考虑如何去教，更为重要的是要从学生角度去考虑如何学。区别于教师给学生传递信息的传统教学，在 MOOC 平台中学生掌握着信息访问的主动权。在整个教学过程中，学生成为真正的课程体验者和最终评价者，教师的角色就是学习同伴、辅助者、引导者。

②优化课程资源，提高教学质量

"慕课"的最大特点是优质教育资源共享。"慕课"的市场优势、规模优势、成本优势、课程专业化开发和针对学习者实施的教学优势以及顶级教师优势等，将对传统课程形成极大的冲击。未来与职业教育相关的"慕课"平台的建设、开放课程的开发，将形成以相关职业为核心的优质教育教学资源，能够提供优质课程资源的开发者将可能成为国内甚至是国际上某一职业相关课程的最具有权威的提供者，而其他从事相关职业教育的学校将可能沦为这些课程提供者的授课基地或实训中心，优质课程资源的开放必将给低质课程

资源带来冲击，这一过程将推动高等职业教育课程资源的优胜劣汰，也可能会倒逼高等职业教育教学质量的提升。

③促进教学模式创新，实现差异教学

技术发展的日趋成熟可为探索新的教学模式提供机遇，美国教育机构指出，MOOC 对于探索新的教学模式具有重要意义。MOOC 为"翻转课堂""移动学习""个性化学习""混合学习"提供了平台支撑，可以实现差异教学，从而不断提升高等职业教育的教学质量。首先，"慕课"可以提供更多的选择，使学生轻松接触到本校可能没有的课程、迥异的教学风格以及国内外一流教师；其次，"慕课"遵循人本化学习、掌握学习、建构主义学习、程序教学以及有意义学习等原则，一节课的视频往往被嵌入式小测验分解为若干个 8~15 分钟的知识模块，学生可以依据自己的学习情况开展不同进度的学习；再次，依托"慕课"平台，高职学生可以灵活安排自己的学习时间，可以做中学，也可以学中做，还可以边学边做，实现随时随处的学习，结合翻转课堂，可以促进师生面对面的深入讨论与交流；最后，学生在"慕课"平台的学习足迹的大量数据可以用来分析学生的学习情况及学习效果，从而为学生进一步提供个性化的学习服务。

④丰富教学手段，重现实践过程

MOOC 平台上所有的课程是以媒体的形式呈现的，可以利用多种教学手段为学生创设学习情境，提供学习资源，并且使重现教师的实践操作成为可能。"慕课"将抽象的理论和复杂的操作以视频形式呈现，可以反复观看，重现实践操作过程可以帮助学生理解抽象、复杂的操作性知识，可以降低学生在实训中的材料开支，提高实训材料的利用率。在一些危险性较高的实践操作中，要允许学生有试错的机会，并观察学习结果，降低学生实训时发生危险的概率。

⑤促进专业发展，推动教师分化

高质量慕课的开发、线上与线下教学的有机结合，需要打破学校与企业以及学校间的界限，重组教学团队，进行分工协作，有些教师成了网络视频中的主讲或线下教师团队的成员，有些教师成了课程设计与开发的主力，还有些教师则成为学生学习的辅导者。这样，随着"慕课"的发展，将形成专业性更强、具有明确分工的教学团队。"慕课"将促进教师的分化和教师职能的转变，面对个性化的学习需求，教师的分工也越来越细致，"慕课"将进一步促使教师适应网络时代的教学要求，促进教师的专业发展。

第二节　信息技术与课程融合之教学模式

随着信息时代的到来，计算机技术与新媒体的介入，教育领域发生了巨大变革。在开放共享的教育资源理念下，"微"教学模式逐渐兴起。党的十九以来，也一直强调要继续推进高等教育改革发展，倡导高等教育应满足个人多样化的学习和发展需求。微课因不受时空限制、主题突出、交互性强等特点逐渐被应用在高等教育教学中。随着微课教学广泛开展，其在高等教育中的有效性逐渐成为人们的关注点。立足微课教学特点，改革传统高校教育模式，将微课与高等教育模式有机结合起来，充分发挥微课教学优势，提高教学有效性，具有重要意义。

1.传统教学模式

（1）传统教学模式存在的问题剖析

作为一门面向高校大一学生开设的公共必修课程，计算机应用基础课程面向的学生之多，范围之广，教学效果影响之大，其教学方法经过几十年改革和发展，已经形成一套先进的教学模式，也为人才培养发挥较大的基础作用。特别是随着计算机硬件的发展和互联网的出现，学生对计算机应用技术的喜爱和学习呈现大幅度的增长，教学视频演示和案例练习的教学方法发挥了较大的作用。然而进入微时代后，传统的教学模式和方法也暴露出一些不足。

①教材选用角度

众所周知，计算机应用基础课程的教材是伴随着操作系统和办公软件的升级而更新换代的。教学内容更凸显出实践性、技能性、主动性和个性化的特点，所提供的知识更多地贴近日常工作和生活的需要。但是一本教材不能

涵盖办公软件中所有的知识点，且因教材的版本众多，难以避免存在教材选用不当的情况，甚至有的高校为了帮助销售本校教师出版的教材，选用质量不高的教材。

②学生本体角度

因地域性差异，大一学生的计算机操作水平参差不齐。根据对我校对大一学生进行计算机操作水平的模拟测试结果来看，大部分学生还是对计算机的基础知识比较陌生。

③教学方式角度

第一，教学时间安排。专业班级周课时为 4 节，非专业班级周课时为 2 节，这是大部分高校的教学计划安排。在这个固定的教学课时内，教师既要完成授课任务，又要排解学生在实际操作过程中遇到的各种疑难问题，其教学效果不得而知。[11]并且，有些问题可能是随时出现的，但又无法在有限的时间里得到有效的指导，久而久之，因得不到及时解决或深入探讨而成为疑难问题无法解决，大大影响到学生的学习热情。

第二，教学方法。为了贯彻"做中学，学中做"的教学理论，教师在教学过程中采用任务驱动法、目标教学法进行教学。但因学生没有提前预习或预习不透彻，学生对考查的重难知识点没有正确的理会，从而无法入手进行操作，其教学效果不堪设想。

第三，知识获取。课堂教学的知识讲授主要是以单向传递为主，教师在讲台上讲授，学生在讲台下被动接收，这种传授方式适合层层深入、纵深拓展的理论知识，而对于技能型知识的传授，其效果就大打折扣了。尤其是微时代的学生不再局限于教材设计的内容，学生获取知识的途径不再是单一的课堂讲授，不再满足于教师示范性操作等单向的知识传播方式，学生也不再满足于台阶式提高的过程，而是对学习的方式和途径提出了更高、更有个性化的需求，呈现出跳跃式的学习需求。

④解决个性化问题角度

教学过程中对于学生大众化的问题教师可以集中讲解，但对于个性化的问题，由于课堂时间的限制，教师无法一一讲解，尤其是个别学生提出的没有针对性的问题，教师就难以抽空去指导了。并且，信息时代的学生追求个性，存在不愿意过多与教师面对面交流沟通的心理，造成在追求知识的过程中一知半解，不利于学生的创新发展。

（2）传统教学模式下学生的学习行为分析

传统教学情形下，学生所学的知识主要来自教师的授课内容和讲授的知识点，学生学习的时间也主要集中在课堂。因此课堂教学效果的好坏直接影响着学生的学习心理、学习动机、学习态度、学习方法和学习习惯等方面的培育，也对学生学习积极性和课外学习的延续性产生很大的影响。此外，高职院校课后实训室开放率低，利用率不高，课后教师参与实训指导的机会少，这些情况无疑给本身主动学习积极性低、自我管理能力弱的高职学生良好的学习行为的养成产生较大的影响。

第一，资源获取方式：以课堂资源为主，图书馆资源和互联网资源为辅。

第二，阅读行为：缺乏主动阅读，被动要求去理解某一知识内容的成分比较高，学生将其作为任务去完成，阅读意识落后。

第三，学习方式：教师讲授为主，学生被动接受，主要表现为听、记、背、练，等方式。

第四，学习反馈行为：学生反馈的疑难问题，特别是个性化和没有针对性的问题，受时间限制，教师课堂解决困难，师生互动少、范围小，学生存在不愿意面对面与教师交流的心理。

第五，考试态度：对传统的纸质考试存抵触情绪。

2.微教学模式

（1）微教学含义

微教学（micro teaching），又称微型教学，微格教学，是一种利用现代化教学技术手段培养学生操作技能的教学方法。[12] 它起源于美国斯坦福大学怀特·艾伦教授等提出的微型教学概念，它是指将常规课堂教学过程中的复杂的知识点或技能点予以分解或简化为许多容易理解或掌握的单一知识点或技能

点。为了便于学生容易理解和掌握这些单一的知识点或技能点，常设定教学目标和评价标准，并在短期内对学生进行反复训练，达到强化学生专业技能的目的。

（2）微教学特征

微教学借用现代先进的多媒体技术和通信技术，分阶段完成某一知识点或技能点的教学活动。本次教学研究结合微博、微信和微视频等微媒体传播方式，结合信息时代特征，描述微教学在教学活动过程中的特征。

第一，教学时间灵活。不受固定教学时间的限制，学生可以利用碎片化的时间来学习某一知识点或技能点。微教学可以减轻学生的学习压力和负担，达到解决学生的疑难问题的目的，提高学习的效果和提升教学质量。

第二，教学目标单一。微教学为每单一的知识点或技能点设定教学目标和评价标准，针对性强，学生很容易理解和掌握，有利于学生完成教学任务，达到教学目标。

第三，教学内容精练。教学内容被分解为单一的知识点或技能点，这些点在组织上呈现零碎状态，但逻辑上却显现相关，同时还要求讲授语言精悍，内容精练，学生只需要较少的时间就能掌握教学内容的精华，学习效率明显提高。

第四，教学媒体多样。教学过程可以借助现代移动通信媒体，如微博、微信群、QQ群、群邮件、朋友圈等，也可以借助专门的信息服务平台，如智慧树、云班课等，达到随时随地教学的目的。

第五，教学对象少。微教学的活动过程中要求参与人数在10人以内，有利于开展小组讨论，有利于教师能及时了解和掌控学生的学习进度和学习状况，便于实施教学评价。

第六，教学内容可以反复训练。微教学资源分布在各种通信媒体上，学生可以借助移动通信设备针对某一个疑难的知识点或技能点展开讨论，反复训练，加深理解，让每个受众学生群体都有充分的学习和训练机会。

（3）微教学模式下学生学习行为构成因素

第一，人才培养目标因素。学校针对不同类型的学生群体，设计不同的人才培养方案，制定因地制宜的人才培养体系和目标。学生根据人才培养目标、专业特点、课程体系和自身学习状况对个人目标进行分解，促进学生自我管理能力的增强、学习行为的定位和良好品德的发展。

第二，职业生涯规划因素。有良好的职业生涯意识的学生能够较好地规划在大学阶段的学习目标，对毕业后能从事的工作岗位或继续求学有明确的行动设想。特别是在当前互联网的影响下，学习意识和学习行为势必会重新塑造。

第三，教学模式改变因素。受微课、慕课、私播课、翻转课程等新型教学媒体的影响，教师改变传统的教学方式，不再以"满堂灌"的形式进行教学，取而代之的是以学生为主体，培育学生良好的专业热情，引导学生积极参与各类专业技能竞赛，提升学生的实操能力，学生不再满足于知识的获取，而是产生将知识转化为技能的需要，从而促成学习行为的更新。

第四，学习方法更新因素。学生不再采用"听、记、背、练"的学习方式，不再过多地被动接受知识的传授，而是主动通过课堂和互联网的各种媒介去探寻知识的源泉，敢于挑战教师提出的问题，解决问题的主动性大大增强，学生行为的主动意识增强。

第五，微教学环境的影响因素。微教学存在教学时间灵活、教学目标单一、教学内容精练、教学媒体多样、教学对象稀少、教学内容可以反复训练等特点。在开放的微教学环境下，便于学生开展知识的学习和技能的训练，为学生行为的培育提供更为宽松的学习平台和有针对性的学习资源。

(4) 实施微教学的有效对策

大学生主要通过互联网的传播媒介来获取课堂之外的知识，那么采取什么样的策略实施微教学才能让学生们在信息时代快速获取所需的信息呢？针对当前计算机应用基础课程教学存在的问题，现将微教学的有效对策综述于后。

针对教材问题：应选取知名出版社出版的教材，教材内容设计全面详实，通识问题解析清晰，疑难问题剖析缜密连贯，课中课后资源丰富，便于指导

教师将教学单元微型化处理，开展微教学。

针对学生本体问题：本课题组认为应鼓励初学者利用信息技术手段开展自主学习，初步了解和熟悉相关的基础知识，为后续的知识讲解做先期准备。

针对教学方式问题：可以采用游戏、讨论、漫画等手段激发学生的学习热情；通过开放式教学、分组式讨论和实例再现等互动性强的教学方法，构建微博、微信群、QQ群等自主型、开放型、研究型网络教学互动平台，让学生对教师讲授的知识点或技能有持久的关注力；通过智慧树、蓝墨云班课、网易云课堂等移动APP平台接入微教学资源，让教学活动随时随地进行，保证每个学生都能在网络上及时了解教学活动的内容，真正享受教学资源获取的便利。

针对个性化问题：应结合微博、微信等微媒体载体，建立交互反馈模式，构建知识服务互动平台，增强学生自主学习、自我促进的学习方法，凸显学生的个性发展。

微教学是一种崭新的教学模式，也是一种当前移动信息教学背景下力推的教学模式，因此学生的学习行为培育和塑造需要紧跟新的教学模式。微教学在学生学习行为方面的探讨是应对移动信息化教学环境变化、学生类型变化以及教学媒介更新的情况下进行的一种教学改革理论性的讨论，希望为高校教学改革提供理论支持，为改进和完善现有的教学方法提供思路借鉴，为培育良好的学习行为提供参考，从而促进高端技能型人才的培养。

此外，微教学资源建设工作要常态化，逐步完善课程基础资源和拓展资源。同时教学资源要及时更新，注重加入新的教学理念，设计新的教学内容，融入新的教学成果，才能保持教学资源的生命力。

3.移动微教学模式及其特点

（1）移动微教学模式

在课堂课外的教学活动过程中，指导教师运用现代信息技术与通信手段，进行教学资源发布、管理，并与学生进行实时的教学、互动、研讨、解疑等教学活动。同时，也可以借用微博、微信、微信群、朋友圈、论坛、QQ、QQ

群、E-mail、群邮件等微媒体工具，将教学资源进行转发共享给其他学生群。

在整个学习过程中，学生可以实时查阅教师发布的基础资源，包括课程介绍、教学大纲、教案、作业和微视频资源，[13] 也可以阅读较为成熟的多样性、交互性辅助资源，包括案例库、素材资源库、试题库系统、考试系统等，也可以有针对性地就某个知识点或技能点向指导教师提出个性化的问题。

（2）移动微教学模式特点

与传统教学模式相比较，移动微教学模式特点如下：

第一，不受僵化的教学时间限制，教师与学生可以利用碎片化的时间随时进行交流和互动，注重师生关系的良性发展。

第二，突破教学资源缺乏的瓶颈，教师可以实时地向学生发布本机或网络上的任何教学资源，如图片、网页链接、视频等，供学生进行拓展学习。

第三，打破传统课堂枯燥无味的教学氛围，教师可以创建幽默风趣的头脑风暴或讨论话题，活跃课堂教学气氛，让学生在轻松的环境下学习。

第四，忽略传统问卷和测试题容量的问题，根据教学需要，教师能灵活地设计小问卷、小测试和投票环节，对即时讲授的内容进行测试，获取学生对知识点的掌握程度。

4.混合式教学模式分析

（1）混合式教学模式

混合式学习（blending learning）概念是人们对在线学习进行思考后总结出来一个在教育领域较为流行的术语。Franks 认为：[20] 混合式学习能结合多种多样的教学方式和教学技术，结合课堂教学和网络在线学习的各种优势，充分调动学生学习的自主性和灵活性。中国著名教育学者何克抗认为，[21] 在混合式教学模式下，要发挥教师引导、启发和监管教学过程的主导作用，也要充分体现学生在学习过程中的主动性、积极性和创造性，认为混合式是一种"主导—主体"的教学模式。由此可见，在开展混合式教学模式的过程中，既可以发挥教师的主导作用，也可以激发学生的主动性、积极性和创造性，满足学生开放式学习的需要。

（2）混合式教学模式的特点

作为一种新颖的教学方法，混合式教学方法深受教师和学生的喜爱，本书将从教学结构、学习形式和教学运行方式几个方面对混合式教学模式的特点进行简要的阐述。

①教学结构

混合式教学模式是一种有效实现"双主体"的互动教学模式。[22,23]教师作为教学的主体，起到主导作用，学生是学习主体，是学习的施行者。在整个学习的过程中，既需要发挥学生的主体意识，由"被动学习"转为"主动学习"，也需要贯穿教师的主导作用。单一强调学生的主体行为，忽视教师主导作用，学生容易走上学习的弯路，陷入学习的误区；只强调教师的主导作用，易造成教学过程过于僵硬和呆板。因此，需要将教师的主导作用和学生主体行为有机结合起来，才能发挥"双主体"的优势，确保教学的整体水平。

②学习形式

混合式教学模式下的学习形式可以分为两种：[24]一种是自主学习，另一种是协作学习。

自主学习形式是指学生在规定的教学目标范围内，根据自身的学习状况自由安排学习内容、学习方法并完成学习任务达到学习目标的一种形式。这种学习形式要求课程要提供充分且形式多样的学习资源，如教学内容、作业、习题和讨论题库等，让学生能够充分的学习。学生在学习过程中可以选择不同的学习平台和学习工具独自进行，但不排除需要教师的指导和同学的相互帮助。

协作学习是一种通过小组或团队的形式组织学生进行学习并达到共同目标的学习形式。这种学习形式以个人的自主学习为基础，以小组为整体共同完成任务为目的。在学习过程中，学生可通过网络平台或聊天工具进行交流、讨论与合作，小组或团队成员共同学习，相互帮助，共同完成学习任务和达到学习目标。

③教学运行方式

混合式教学模式以共享高品质课程、创新教学理念、改进教学方法和提高教学质量为目标，采取"在线学习+见面课学习+课程考核"的教学运行模式，通过课程建设学校及建设团队和选课学校对教与学进行分级管理，确保教与学的质量。课程建设学校及建设团队提供高质量的线上课程，选课学校积极鼓励教师参与教学改革和教学发展活动，引导学生积极选课，共同参与课程质量的评价。

(3) 混合式教学模式在教学中产生的积极作用

为了深化教学改革，海南经贸职业技术学院自 2015 年就开始引入智慧树平台中的 MOOC 课程。经过近 3 年时间的应用，这种教学方式明显提高了教师的教学效率和学生的学习效率。教师的教学手段和教学方法得到更新，选课的学生也已经适应了这种新形式的学习方式。我们从以下几个方面来分析混合式教学模式在日常教学过程中体现出的优点。

①混合式教学模式提升了课堂教学的参与度

传统课堂因教学时间安排固定，课堂教学以老师讲授为主，学生被动接受知识，在教学过程中产生的疑难问题无法在有限的时间里得到有效的解决和指导，长此以往，较大程度上影响学生的学习热情和积极性。混合式教学通过精心设计和安排，一定程度上改变了传统课堂教学过程中存在的问题。在混合式课程实施过程中，学生通过在线自主学习，了解课程各章节的教学内容，通过课前学习和查看相关讨论话题，对章节中的重点和难点已经有了一定的了解，再通过见面课学习的讨论环节，由老师帮助其解决无法理解的问题，学生能进一步理解教学内容。在此过程中，混合式教学模式发挥了老师的课堂教学主导作用和学生学习的主体行为能力，教与学的氛围相得益彰，大大提升了学生在课堂教学中的参与度。

②混合式教学提供了丰富的高标准教学资源

教学资源是保证教育教学质量和教学过程的关键因素之一。随着网络技术和多媒体技术的发展，信息技术已经与课堂深度融合，教学资源的建设成为各类高校积极投入建设的主要内容。在信息化教学的背景下，高等学校和

教学机构等单位根据教学资源建设的标准，邀请具有丰富教学经验、优秀教学能力的名校名师参与共建各学科优质课程资源的建设，达到优质课程资源共建共享共用的目的。这类优质的课程资源以开放性为目的，具有严谨的教学设计，主讲教师的教学风格幽默风趣，教学态度严谨，教学内容丰富多样，非常适合在互联网平台下开展混合式教学。

③混合式教学模式调动了学生的学习积极性

混合式教学模式让学生接触到开放的高标准、高规格的名师级教学资源，极大程度上拓宽了学生的眼界，拓宽了学生获取知识的渠道，让他们了解课堂之外的知识，明白了课堂之外也能学习更多感兴趣的理论知识。学生也可以根据自身的爱好主动发起学习热情，深层地掌握专业知识。这样，能让学生在理解知识的基础上，注重思想与教育、知识与能力的完美结合。比如：在传统的课堂上，学生在学习理论性课程的过程中，容易产生枯燥反感的情绪，尤其是在学习概念等理论时学生更是不感兴趣。混合式教学引入优质的教学资源，为学生的学习提供了很大便利性，学生可以通过互联网获得更多的信息和资源，加深对课堂知识的进一步理解。在以往的教学过程中，教师的教学局限于教材、课堂和教师经验，学生难以走出去。通过混合式教学的开展，学生的学习不再受时空的束缚，学习的渠道和范围有了较大的扩充，教学资源和教学内容更加丰富，教学过程更加深动有趣，学生作为学习的主体地位更加凸显，学生的学习积极性有了较大的提升。

④混合式教学模式提高了学生解决问题的能力

在混合式教学过程中，学生不仅学到理论知识和操作技能，也提高了自己解决问题的能力。当今社会，学生既需要掌握理论知识和操作技能，还需要学习利用理论知识和操作技能解决生活和工作中的实际问题。在混合式教学过程中，自主学习的学生通过学习视频资源和与老师和学生展开讨论，能不断地思考并发现问题。在问题不能及时得到解答之前，学生会去探索解决问题的途径和方法。通过日积月累，这类学生逐步掌握解决问题的方法和手段，培育自身主动解决问题的思维逻辑，提高了自身解决问题的能力。这种教学效果是课堂教学过程难以达到的。

(4) 混合式教学模式在教学中产生的消极影响

在常规教学过程中，混合式教学模式确实给学生带来不少便利，更是提高了教学效果和学生学习的效率以及解决问题的能力，从而让传统的课堂教学转变成信息化的教学模式。但是，任何事情都具有两面性。混合式教学模式下，混合式课堂确实为学生提供了优质丰富的教学资源和教学信息，让原本枯燥、被动和封闭的教学变得生动、活跃和开放，但这也不能够忽视混合式教学过程中存在的问题。

①混合式教学模式可能给教师及学生带来依赖感

混合式教学平台上的课程资源和教学信息大部分来自其他高校和教育机构，他们针对课程的教学设计和教学模式立足于自身环境的特点，未必能适应各类不同层次的高等院校和职业院校。获得混合式教学资源的高校主讲老师们若不能认真理解和掌握课程负责人的设计思路和初衷，在上课之前未能充分做好备课准备，只是片面地依赖当前已经设计好的教学资源，那么在实际教学过程中未必能较好地进行施教和引导学生学习。同时，针对混合式资源的优点，学生会过多喜爱和依赖这类教学资源，甚至存在排斥传统课堂的教学安排，引发学生逃课和旷课。

②混合式教学模式过于强调学生学习的主体地位

混合式学习课程的设计包含前端活动设计。在这个环节中，学生要根据课堂的前期教学内容安排自主学习课程的前期教学内容。在这个学习过程中，学生要充分发挥学习主体作用，了解和探究疑问的缘由，才能在后续的见面课学习环节与教师和学生展开互动，才可能较好地解决问题。针对部分缺乏自我约束的学生来讲，他们因为好奇选修了这类课程，但是在学习主动性方面又较为缺失的情况下，强调学生学习的主体地位显然不为妥当。

③混合式教学模式会弱化学生知识重构能力的培养

混合式教学过程中学生学习的主要工具是使用移动终端和计算机，学习的对象是微视频资源及相关的教学信息。在这个学习的过程中，学生根据课

程负责人设计的流程进行学习，因缺少配套的纸质书的查看和翻阅，特别是针对过于理论化讲解的知识点，会造成学生知识重构能力的弱化。

第三节　信息技术与课程融合之学习行为与教学困境

特别是在推广微课程、慕课、私播课、翻转课程等信息化教学背景下，学生的学习行为更为复杂。[7]在此背景下，高职院校应该充分了解各类学生类型的心理差异和学习行为，结合职业教育定向性强的特点，制定有针对性的教学策略与方案，不断提高学校的教育质量和学生职业技能，以满足人才培养的需要。同时，随着移动互联网的飞速发展，新形势下的教育形式已发生很大的变化，例如：课堂不再是学生获取知识的主要场所，学生不再过于依赖纸质教材开展学习，教师可以采用多媒体手段开展多样化教学，等等。可见，移动互联网对当前教育教学方法的改革和影响是巨大的。

在此形势下，针对不同学生的学习行为，结合移动信息化的优势，分析移动信息化在课堂教学中的困境，人们开始讨论如何推广和应用移动信息化教学的研究，如何在移动互联网背景下开展线上线下教学，探索多元混合式教学方法，如何使用移动信息化教学"真正"地服务于教学活动。

1.高职院校学生类型现状

首先，高职院校特别是示范（骨干）高职院校办学特色显著，专业优势明显，社会影响力大，许多学生选择专业针对性强、就业技能高的高职院校，其中部分学生的高考录取分数超过本科分数线。其次，在此影响下，除了专科层次的主体学生之外，"五年一贯制""中高职立交桥融通""专升本""'3+2'或'4+0'本高职联合培养"等新型的招考方式纷纷出现。但其学制和培养方式的不同，学生层次和类型呈现更多的差异性，学生对自身的学习行为和学校的教学满意度更加复杂化。

"五年一贯制"学生是指应届初中毕业生进入高职院校就读的学生。此类学生，无论是心智、身理和品性，还是基础知识、学习方法、学习欲望都存在较大差距，学习行为存在较大的问题。

"中高职立交桥融通"招生的学生是指应届中职或往届中职毕业的学生需要进一步提升理论知识和技能水平而就读高职院校的这一群体。这类学生学习目标明确，技能培育要求高，对学校教学效果要求高。

"专升本"和"专接本"学生是指获得专科学历证书后愿意继续通过自考或专升本考试进入本科院校就读的群体。此类学生学习目标明确，对理论知识的获取愿望强烈。

"'3+2'或'4+0'本高职联合培养"招生的学生是指通过高考录取就读高职的学生。此类型学生通过高职与本科院校联合培养，既可以获取本科院校颁发本科毕业证书，又能在高职院校习得一技之长。这类学生高考分数高，学习目标明确，对理论知识的学习和技能的掌握均有双重的高需求。

2.高职院校学生学习行为

为了突出研究的特点，本书研究学生的学习行为范围包括资源获取方式、阅读行为、学习方式、学习反馈行为和考试态度等方面。其中，资源获取方式是指学生获取知识和资源的途径、手段和方法；阅读行为是指学生在获取学习资源后表现出来的学习态度；学习方式是指学生通过阅读信息资源后为了理解和分析知识所采用的手段；学习反馈行为是指学生遇到疑难知识点时行为上的反应，如师生交流、学生之间探讨、第三方咨询等；考试态度是指学生面对考试时所表现的心理状态。此外，学习心理虽然不属于学习行为的范畴，但是直接影响着学习过程能否顺利完成，影响学习行为的培育。它是一种不直接参与学习过程但制约着整个学习和认知过程的心理因素，因此树立良好的学习心理对培育良好的学习行为有较大的积极意义。

3.微教学模式下不同学生类型学习行为应对策略

为了明确教学目标，提高教学效果，塑造良好的学生学习行为，针对不同的学生群体类型，高校应采取不同的应对策略。

（1）学校角度。宏观上，学校应该充分了解微教学过程中，"五年一贯制""中高职立交桥融通""专升本""'3+2'或'4+0'本高职联合培养"

和专科层次类型学生的学习方法和学习行为，因市场需求制定适合不同学生群体的人才培养方案和培养目标。没有宏观上的把控，就没有鲜明的办学特色，培养不出技能强、品德高、作风正、行为好的技能型人才。微观上，学校应常态化地建立丰富的学习资源库和教学资源库、清晰的学习评价标准和开放规范的实训室。建立丰富的学习资源库和教学资源库，有助于拓展学生获取自主学习的资源渠道，开展微教学环境下的线上线下学习，避免学生产生厌倦的学习心理。建立清晰的学习评价标准，目的是明确不同学生类型的学习成效的评价标准，打破传统以期末考试决定学生成绩的模式，树立多样化、多元化的评价模式。如把资格证、技能竞赛证书、获奖证书纳入评价范围。开放规范的实训室，提供实训所需要的信息和资源，为学生课外学习提供环境和保障，有助于学生探索能力、创新能力的培养和提升。

（2）教师教学角度。依托学校的人才培养方案，有针对性地制订教学计划和教学策略，积极参与教学改革，提升教学信息化水平，改进教学方法，提高教学质量和促进学生学习行为的良性发展。在施教过程中，针对不同类型的学生，设定不同的并能满足学生学习的教学目标，设定难易适当、富有弹性的教学内容，积极开展常态化的线上线下、课内课外的师生互动活动，引导学生自主学习、合作学习和创新性学习。

（3）学生自身角度。凭借微教学媒介和丰富教学资源，通过移动化学习工具（如智慧树、蓝墨云班课等）开展个性化学习，拓展个人学习空间。同时，根据职业生涯规划的目标，制订个人学习计划，更新学习方法，培育良好的学习行为，提高学习效率和学习的自信心。

4.移动信息化教学与传统课堂教学的特点

（1）传统课堂教学的特点

传统课堂教学一直是各类各级学校主导的教学方法，其优点如下：[16]①教师占主导作用，可以按教学大纲有计划地组织教学过程。②以集体形式开展教学，有利于培养学生的竞争意识和合作精神，发挥同伴教育的作用。③师生面对面近距离地交流沟通，有利于增进情愿因素在学习过程中的作用。但是随着移动互联网的发展，传统课堂教学形式逐步显露出诸多缺陷，表现为注重理性认识，忽视生活体验，注重知识获取，忽视知识利用，注重理智训练，忽视实践结合。传统课堂教学形式以宣扬客观知识、培养理性逻辑思维能力为主要目标，远离了人作为社会主体的真实生活体验。

（2）移动信息化教学的特点

移动信息化教学是伴随着互联网的发展和信息技术的引入而逐步形成的一种新的教学方式，其主要特点描述如下：①学生课前自主学习并获取知识点，师生互动交流充分，教师处于辅导地位；②教学知识点信息化、资源化和平台化，学生可以较为自由地开展学习，不受时空限制；③学生不再受限于教师传授的知识，可以根据自身的特点，开展个性化、有特色的学习；④教师创设各种不同的学习情境和学习任务，引导学生开展探究性学习并系统地掌握知识要点；⑤移动信息化依赖于富媒体的教学资源和平台；⑥移动信息化融入各种形式的移动终端设备，实现多样化终端的接入。

移动信息化教学与传统课堂教学都属于教学形式，[17] 都是服务学生群体，具有同源性。从本质上讲，移动信息化教学是传统教学形式的发展和延伸，两者属于教学形式的不同阶段；从内涵上分析，移动信息化教学是互联网发展下的产物，是改革传统教学模式的主要手段；从功能上来看，移动信息化教学依托移动互联网和各种移动教学媒介开展教学，与传统课堂教学一样，具有传授知识、答疑解惑、共享知识等功能。

5.移动信息化教学现状分析

众所周知，移动信息化教学已经成为人们热衷探讨和使用的教学形式，是未来信息化教学的主要趋势，但是通过对上述移动信息化使用情况的数据分析来看，笔者认为，在开展移动信息化教学的现阶段，移动信息化对当前学校教学带来的实际影响和变化是低层次和片面化的。具体现状如下。

（1）移动信息化教学平台功能不完善

虽然当前在日常教学活动中引入了信息化平台，但是这些平台大多是基于 PC 机的，无法吸引学生的兴趣。尽管教师在教学活动中使用了蓝墨云班

课、阿拉校园、网易云课堂、超星课程中心等APP软件进行线上线下移动教学，在APP软件上开展头脑风暴、答疑讨论、签到、测试等活动，但是因平台处于开发和完善阶段，部分功能使用不方便或功能缺失，在一定程度上影响了教学活动的开展。

（2）适合移动信息化教学的资源短缺

现阶段，移动信息化教学过程中教师教学过程中所使用的资源是短缺的，其主要来源于学校购买的全套教学视频资源、教师自己制作的微课程资源，各种资源网上下载的微课程教学资源三个渠道。由于经费原因，学校购买的教学资源有限，不能满足所有课程的需要。教师由于缺乏统一的培训或高级制作技能的培训，教师微课程的制作与开发水平和能力是有限的，且在制作过程中追求成果的因素，未按照国家标准制作规范的视频资源，影响了教学资源的质量。互联网上下载的教学资源可能存在知识点逻辑分散、关联性差、视频制作粗糙的特点，不能满足正常教学的需要。

（3）传统课堂教学形式仍占主导地位

目前，大学生的智能手机普及率高，手机性能高，其他移动终端也逐渐进入学生的生活。拥有智能手机的学生大部分仍然以安装游戏、娱乐、社交等APP软件为主。虽然因教师教学的要求，学生安装了教学APP软件，但是学生难以在移动终端主动上开展移动化的学习。在当前教学活动中，教师讲授知识仍以纸质教材为主，偶尔借助移动设备调节上课的节奏、活跃课堂氛围，而传统课堂教学讲授仍然处于主导地位。

（4）学生还未适应自主式学习的方式

自主式学习是与一种与传统被动式学习恰恰相反的主动式学习形式，是当前大学生课外开展学习的最为主要的形式。在自主式学习过程中，学生可以通过分析、思考、讨论等途径来完成自己的学习目标。[18]显然，这一学习形式，特别是在各类学校是相当缺乏的。

6.开展移动信息化教学困境分析

既然移动信息化教学的现状如此，难道作为主管教学的领导安于现状不愿改革吗？作为与学生面对面进行教学的一线教师也不愿意开展移动信息化教学吗？拥有各种移动终端的学生不愿意让学习的过程更具趣味性、更加轻松，甚至可以根据自己的学习状况调整学习的节奏吗？答案是否定的，主管教学的领导希望加大教学改革、考试改革以及招生制度的改革力度；教师和学生也希望让整体教学过程更加信息化，在轻松自主的教学环境下进行学习。究其原因，主要是在开展移动信息化过程中存在以下困境。

（1）领导层认识不一致。移动信息化教学影响力还不够深入，学校领导层还没有对其形成统一的认识。尽管移动互联网的影响已经颇及生活的方方面面，但是对牵一发则动全身的学校教学改革来讲，学校领导层还未就移动信息化教学改革形成统一明确的认识。

（2）教学资源质量低，适用于开展移动信息化的教学资源严重缺乏。早些年教育部门主导的精品资源课程存在僵化、不可移植的诟病，远远不能满足移动信息化的需求，而开发信息化、立体式的数字化教学资源仍在紧张地研发和制作之中，短期内还不能上线供教师和学生使用。首先，现阶段纸质教材在学校教学过程中仍占主导地位，使用移动信息化进行的教学习惯还需要长时间的培养。其次，应用于移动信息化教学的教学资源要求高，需要包含视频、音频、动画、图片、3D 等富媒体元素，能够满足情境化、动态化和形象化的阅读体检。

（3）信息技术手段仍然是教师进行信息化教学与学生采取主动式学习方案的主要障碍。教与学的双方因为缺乏规范的、统一的技术指导、培训和训练，不能熟练掌握和使用新的信息技术来满足教学活动。

（4）开展移动信息化教学所需要的设备不到位，难以开展。建设适合进行移动信息化教学的网络需要较大的投入，这对于资金紧张的学校，特别是民办学校和中职（高中）学校来说，想要建设完善的移动化基础设施无疑是有困难的。

（5）缺少接入云服务的移动信息化平台。虽然部分学校、研究机构和商业单位研发出各种各样的基于云服务的教学平台，但是因为平台功能不完善、

所提供的教学资源少、购买其教学资源成本高、不符合教学思维等缺点，也阻碍了移动信息化教学的推广。

7.移动信息化教学对策分析

虽然移动信息化在教学活动开展过程中存在种种困境，但是随着智能手机、IPAD和穿戴设备等移动终端设备的普及和Wi-Fi热点、3G/4G/5G网络等立体无线网络环境的形成，这些困难将慢慢减少。当前，移动碎片式的学习成为当代学生学习的主流形式，移动互联网背景的信息化教学趋势不可逆转。那么，学校如何顺应时代发展趋势，才能有效地开展移动信息化教学呢？笔者将从以下六个方面进行阐述。

（1）夯实信息化建设基础

在经济发达地区或有条件的学校已经实现或正在实施智能数字化校园建设，有的学校已经实现了Wi-Fi热点校园全覆盖。这为实施移动信息化教学提供了坚实的基础设施保障。此外，学校领导把握前沿趋势，还应借助移动信息化教学平台或工具，做好师资培训工作，让教师学会运用信息化技术，创建优质教学资源。

（2）全面提升教师教学能力

教师有教学能力较大程度上影响教的质量、学的效率和学的效果。在学校里面，经验丰富的教师对于教学设计和知识的传授能较好地把控，但接触或应用信息化技术和手段却显得力不从心，然而，年轻教师对信息化技术有着快速的接受和应用能力，但教学设计方面经验匮乏。因此，年轻教师应该和老教师相互协作，取长补短，设计并制作出高质量、高标准的教学设计方案，提升自身的信息化素养和教学能力，从而更好地适应移动信息化发展的教学需求。

（3）积极引导学生学习习惯的转变

在传统的教学环境下，很多学生仍然漠视眼前的知识宝库，从而在课堂上产生无聊或不感兴趣，究其原因是所学习的内容无法引起学生的关注和进一步思考。众所周知，最好的学习方法是主动学习，主动学习能使学习者对所学内容或感兴趣的知识产生强化记忆。因此，学生应该开展主动式学习，通过移动信息化手段开展协作学习、团队学习或个性化学习，培养自己的兴趣点，提升自己学习和解决问题的能力，才能取得较好的成效。

（4）加大信息技术培训力度

技术是促进教育快速发展的重要因素，是必要条件，而信息化手段则是更替过时的教学方法和手段的重要工具，但不能由此就认为应用了先进的技术，教育就会引起革命性的变革，关键在于它是否遵守了教育规范。因此，打造适合教学思维、回归教育和着眼于教学实际的创新技术是深化移动信息化教学广度和深度的重要工具和手段，让教师和学生不再考虑技术使用的问题。

（5）创建信息化教学资源

教学资源的实际利用率、可重复利用率、可再生利用率和可移植利用率对于学校和老师来说都很重要。[19]因此，应着力构建符合教学规范和规律、重复使用的信息化教学资源，例如：数字化立体教材、信息化多媒体教材。这样的资源能让教师自觉地、随心所欲地利用教学的各种资源开展教学，能让学生主动地开展碎片化学习，从而促进了教学资源高效、重复的使用。

（6）构建移动信息教学平台

在教育信息化发展的过程中，出现教学资源分散、信息孤立的状况，造成资源投入成本高、效用低下。学校应加大移动基础设施，联合企业合作开发或直接引入优秀的云服务平台，将各种教学资源迁移到移动信息化教学的云服务平台中，充分发挥云平台的教学辅导作用。让学习者不受时间、地点的限制，通过计算机和各种移动终端接入移动信息教学云平台，这将极大地丰富学生的学习乐趣，并提高学生的学习效率。

8.微教学模式下不同学生类型学习行为应对策略

为了明确教学目标，提高教学效果，塑造良好的学生学习行为，针对不同的学生群体类型，高校应采取不同的应对策略。

（1）学校角度。宏观上，学校应该充分了解微教学过程中，"五年一贯制" "中高职立交桥融通" "专升本" "'3+2'或'4+0'本高职联合培养"

和专科层次类型学生的学习方法和学习行为，因市场需求制定适合不同学生群体的人才培养方案和培养目标。没有宏观上的把控，就没有鲜明的办学特色，也就培养不出技能强、品德高、作风正、行为好的技能型人才。微观上，学校应常态化地建立丰富的学习资源库和教学资源库、清晰的学习评价标准和开放规范的实训室。建立丰富的学习资源库和教学资源库，有助于拓展学生获取自主学习的资源渠道，开展微教学环境下的线上线下学习，避免学生产生厌倦的学习心理。建立清晰的学习评价标准，目的是明确不同学生类型的学习成效的评价标准，打破传统的以期末考试决定学生成绩的模式，树立多样化、多元化的评价模式：如把资格证、技能竞赛证书、获奖证书纳入评价范围。开放规范的实训室，提供实训所需要的信息和资源，为学生课外学习提供环境和保障，有助于学生探索能力、创新能力的培养和提升。

（2）教师教学角度。依托学校的人才培养方案，有针对性地制定教学计划和教学策略，积极参与教学改革，提升教学信息化水平，改进教学方法，提高教学质量和促进学生学习行为的良性发展。在施教过程中，针对不同类型的学生，设定不同的并能满足学生学习的教学目标，设定难易适当、富有弹性的教学内容，积极开展常态化的线上线下、课内课外的师生互动活动，引导学生自主学习、合作学习和创新性学习。

（3）学生自身角度。凭借微教学媒介和丰富的教学资源，通过移动化学习工具（如智慧树、蓝墨云班课等）开展个性化学习，拓展个人学习空间。同时，根据职业生涯规划的目标，制订个人学习计划，更新学习方法，培育良好的学习行为，提高学习效率和学习的自信心。

第四节　信息技术与课程融合之信息化教学能力

《教育部教育信息化"十三五"规划》提出，"构建网络化、数字化、个性化、终身化的教育体系，建设学习型社会，充分发挥信息技术对教育的革命性影响作用"。职业教育是我国教育体系的重要部分，发展职教院校信息化的各项工作，推动职业教育深度发展，都离不开职业院校教师信息化水平的提高。[32]随着职业教育体系的不断开放，大数据、云计算、物联网等信息技术向教育领域的融入，高职院校综合化、信息化发展需求愈加明显。广大高职院校教师担负着教书育人的重大职责，这一群体的信息化教学能力与水平将对高职院校整体教育信息化程度的高低有至关重要的影响。

教师队伍建设是推动教育信息化发展的基本保障，教师是推动学校信息化教学改革和教学创新的直接主体，是实现创新型人才培养落地的重要保证，[25]教师的信息化教学能力与运用水平是推动教育信息化进步的重要促进因素，是实现职业院校信息化的关键因素与重要基石。随着信息技术和媒体技术的迅速发展及其在当前 MOOC 在线教学背景下的快速运用，教师需要不断学习和发展自身的信息化教学能力与运用水平才能较好地适应和满足当前 MOOC 在线教学的需要。"互联网+教育"正在大力推动信息化教学的改革，不同层次不同级别的学校和学生利用不同的移动学习工具进行跨越时空、实时互动、资源分享的学习方式进行学习资源的传播和自主学习。这进一步要求：教师要全面提升自身的信息化教学能力与运用水平、信息技术与课程融合的能力和专业发展的能力，更好地促进信息技术与课堂教学的深层次融合，提升教育信息化改革进程中高校整体教学质量和水平，提升教师运用所学知识与技能解决教学实践过程中面对的实际问题的能力。[26]

1.信息化教学能力解析

高职院校的人才培养定位是"高素质劳动者和技术技能型人才"。为推进信息化教学改革的深入开展，推动高职院校教学信息化的发展，需要全体教师的倾力参与，在课堂教学的过程中不断深入实践，将信息化教学的理念、意识、责任、技能、设计及创新全方位地结合起来，才能提升教师信息化的教学能力。

（1）教师信息化教学能力的内涵

信息化教学是对传统教学的继承与发展，它是指以信息技术为手段，在现代教育教学理念指导下，应用现代化的工具、资源和平台等进行数字化教

学的过程，包括教学活动、教学内容的信息化。[33]南京师范大学张一春教授，在多年来对信息技术教学、信息化教育等领域的深入实践与研究的基础上提出"教师信息化教学能力是指教师在现代教学理论指导下，以信息技术为支持，利用教育技术手段进行教学的能力"。[34]在信息技术的支持下，教师利用数字化的教学资源，开展信息化的教学设计，组织信息化的教学活动，培育学生的综合素养。

（2）教师信息化教学能力的要求

梁云真等学者研究认为，职业院校的教师信息化教学能力分为意识与责任、基础与技能、应用与实践、设计与开发、研究与创新五个维度。[32]在这五个维度之中，意识与责任是其他维度的基础，也是教师信息化教学能持续发展和提升的基础。国内学者顾小清等人认为，信息化教学能力包括掌握基本的信息技术技能、具有一定的信息化教学设计的能力、熟练掌握信息化教学实施的能力以及具备良好的信息化教学职业道德和伦理观。[35]笔者认为，在信息技术发展的背景下，高职院校教师的信息化教学能力主要体现在信息化教学的认知能力、信息化教学手段的运用能力、信息化教学的设计能力、信息化教学技术的发展、信息化教学资源的建设能力等。教师在教学过程中，借助信息化教学的手段将信息技术融入课堂教学的全过程，是培养学生高技能和培育学生高素质的关键环节。

2.教师信息化教学能力的理论模型与构成要素

（1）国内外研究

歇根州立大学的 Matthed Koehler 和 Punya Mishra 两位博士构建了整合技术的学科教学知识（TPACK）模型，该模型成为教师信息技术应用能力培育的理论依据。学科教学知识模型将教师专业知识分为技术知识（TK）、内容知识（CK）、教学法知识（PK）、技术-内容知识（TCK）、教学法-内容知识（PCK）、技术-教学法知识（TPK）和技术-教学法-内容知识（TPACK）七个部分。[27]国内学者孔晶从教师信息技术应用能力的构成要素、影响因素、发展路径等方面进行分析，提出了教师信息技术应用能力发展的分析模型，并提

出教师信息技术应用能力的发展具有阶段性,[26]同时也提出"ICT(技术)"与
"教学法"是评估教师信息技术应用能力发展阶段的两大核心指标。[26]

（2）教师信息化教学能力构成要素

教师信息化教学能力是指教师在现代教学理论指导下，以信息技术为支
持，利用教育技术手段进行教学的能力。[28]我国《中小学教师信息技术应用能
力标准（试行))》从教师教育教学工作与教师专业发展的视角，将信息技术
应用能力区分为技术素养、计划与准备、组织与管理、评估与诊断、学习与
发展五个维度。[29]制定和实施教师信息技术应用能力相关标准，有利于为教师
信息技术应用能力的发展指明方向，为能力的测评提供依据和标尺。在信息
技术的支持下，教师利用数字化的教学资源开展信息化的教学设计、组织信
息化的教学活动、培育学生的综合素养。

3.教师信息化教学能力的简析

基于教师信息化教学能力的重要性，国内外的众多专家学者在这一研究
方向上付出了大量的时间和精力，通过理论研究、实践证明，大量的数据显
示出教师的信息化教学能力发展不平衡。广大职业院校教学的信息化教学能
力体现出水平不一、参差不齐的想象，整体上需要提升的空间还很大。例如，
对信息化教学能力的内涵理解不够深入，甚至对信息化教学的理解是利用
PPT 等工具制作教学课件进行教学的过程。具体现状表现如下。

（1）信息化教学的认知能力

教师信息化教学的认知能力能对信息化教学改革产生重大的影响，也对
教师自身的发展和教学水平的提升产生深远的推动。明确信息化教学的认知，
树立信息化教学的责任，教师才会主动地把信息化教学、专业发展和课程建
设较好地融合起来，才能在信息化教学能力提升和加强的同时，使学生受益。

当前，部分教师融入信息化教学改革的浪潮，紧跟时代发展的步伐，埋
头研究新技术，勤练新本领，静下心来学习新工具，摸索开展信息化教学的
思维方式。但是仍有部分教师缺乏信息化教学认知，躲闪甚至拒绝信息化教
学改革。有的教师在教学过程中仅借助 PPT 进行教学，对微课程、慕课等新

型教学资源置若罔闻。

（2）信息化教学的设计能力

大部分教师能根据职业院校的人才培养方案的、教材和教学经验，熟练地完成教学设计，但对于新入职的或者是刚刚毕业就进入高校的年轻教师，教学设计的要求和目标就需要认真学习和领会。熟悉传统课堂教学方式的教师，在信息化教学设计有时也会出现茫然的情况，对信息化教学方案也不能完全理解和较好地构建出来。

（3）信息化教学的资源建设能力

教师借助信息技术手段与在线学习平台，可以依据教学内容设计教学情境，设计并开发出与教学内容相吻合的教学资源，发布学习任务、章节测试和讨论答疑等内容。然而，在当前信息化教学的背景下，少部分计算机专业或信息技术水平较强的教师会组建信息化教学团队设计和制作自己的教学资源用于教学，大部分教师从其他途径获取教学内容用于教学，甚至有的教师未开展网络教学，未能使用在线答疑、在线测试等功能。

（4）信息化教学的技术发展能力

信息化教学的技术能力不是一尘不变的，会随着信息技术和网络技术的发展而不断提高。随着信息技术和网络技术的快速发展，会涌现出功能强大、教学资源丰富、易学易用的工具。这需要参加信息化教学改革的教师保持信息化教学改革的认知能力，不断学习并掌握新的工具，并创作出符合时代发展特点和教学需要的优质资源。

（5）信息化教学的手段运用能力

信息化教学能减轻教师在教学过程中的负担，能够让教师在教学过程中提高工作效率，提升教学效果。但这并不意味着教师使用简单的幻灯片进行知识的讲解，而是需要将先进技术用于课堂，利用计算机网络技术、多媒体技术以及新型教学终端开展教学或实训，让学生在信息化教学的过程中，了解技术、掌握技术，才能较好地对接企业需要，从而较快地适应工作岗位和任务的需要。

4.教师信息化的教学环境

（1）信息化资源建设工具

随计算机软件技术的发展和软件开发人员的投入，现阶段信息化教学资源开发工具不断涌现，应用广泛且广大教师所熟悉的工具有 Offfice PowerPoint 2010 及以上版本、FocuSky 动画演示大师、会声会影、美图秀秀、思维导图 MindManger 等。也有专门针对某视频录制和编辑的软件，如超级录屏、视频编辑专家、Camtasia Studio 等。还有专门针对动画和图片渲染的工具，如格式工厂、图片工厂和万彩动画大师等。还有其他提高信息化教学资源建设效率的小工具，如文档美化大师、微弹幕 PC 端和图片瘦身工具。针对不断出现的工具，教师应熟悉工具的应用特长，研究工具的使用方法，为教学资源创建所用，提高资源的渲染效果，吸引学生观看和使用。

（2）信息化教学平台

蓝墨云班课、智慧树、超星课程中心、阿拉校园等网络教学平台在现阶段各高校推广使用较多，均可实现整个教学过程的教学资源共享、学生考勤、在线测试、课业上传和师生线上互动交流等功能。通过教学平台的使用，教师可以将自己创建的教学资源或从网络上获取的其他资源通过创建班级的形式发布给学生在线学习，并且各类教学资源（习题、头脑风暴、抢答题等）都可以实现创建一次反复使用，减少不必要的重复劳动。通过信息化教学平台，教师在授课过程中，可以重点关注教学方法、教学效能，提升学生的学习效率。

（3）信息化教学方法

基于线上线下混合式教学理念，各类线上教学平台或微信平台已经成为教师开展信息化教学的主要工具。[30]在培养技术技能型人才的教学过程中，课堂教学倡导学生主体地位，把学生的"学"放在教学的核心地位，在教学的过程中，引导学生通过移动信息化手段，主动开展碎片化学习、协作学习或个性化学习，培养学习的兴趣点，提升理解知识和解决问题的能力。[31]

5.高职院校教师信息化教学能力的培养路径

教育信息化是时代发展的需要，教师信息化教学能力是信息化教学改革

发展的迫切需求。学者胡平霞从构建信息化教学环境、建立信息化教学能力培养体系、加强信息教学团队建设、积极参加各类信息化教学活动和建立合理的教师信息化教学能力考核评价标准等六个方面对信息化教学能力培养途径进行了探讨。[36]张圆圆对高职院校教师信息化教学能力的提升提出四项对策，分别是转变观念，提升教师本体信息化素养；加强学习，提升信息化教学能力；完善制度，建立信息化培训体系；加强软硬件建设，创建信息化校园环境。[37]笔者认为，教师的信息化教学能力的培养途径需因人而异，因专业而异，也与教师自身的专业背景有很大的关系。提升高职院校教师信息化教学能力培养途径建议考虑以下四个方面。

（1）培养教师信息化教学认知能力

教师信息化教学认知能力是教师主观上努力推进信息化教学前进的内在动力。教师是否具备良好的信息化教学的认知能力，影响着教师在实际教学中能否主动学习信息化教学技能，是否能积极参与到信息化教学改革中。培养教师良好的信息化认知能力和信息化教学意识，鼓励教师在教学过程中有意识地积极参与到信息化教学活动中。教师利用信息化的教学手段开展教学设计，创设丰富的教学环境，组织学生多途径的教学互动与教学评价。在课程资源建设和利用上，信息化教学有其明显的优势。图文并茂、音视频结合的多媒体教学资源，有利于获取学生注意力，激发学生参与到学习活动中的激情，从而整体提升教学质量和优化教学效能。

（2）提升教师信息化教学水平与技术

以大数据、人工智能、移动互联技术、多媒体技术为代表的现代信息技术大幅度融入人们的学习和生活中，这样的时代发展驱动了教育行业的信息化需求。作为高职院校的一线教师就必须要走在时代的前列，努力学习新技术，掌握和提升自己的教学信息化水平与技术。除了要具备利用网络工具对教学素材进行抓取信息、筛选信息和加工信息的能力之外，还要具备快速掌握使用各类信息技术工具的能力。学校要着重结合本院校教师的特点以及深入调研了解教师们真正的技能学习诉求，从学校层面大力推进信息化教学的发展步伐，组织开展有针对性的信息化技能培训、交流等活动，以培养和提升教师的信息化水平和信息化素养。[37]

（3）强化教师信息化教学手段运用能力

教师在具备了良好的信息化教学认知以及掌握了一定的信息化教学水平与技能之后，在教学过程中，教师需要将已掌握的教学手段与信息化技术完美地结合起来。特别是在当前高校引入 MOOC 平台的教学环境下，学校有必要根据专业特色，培养教师教学手段的运用能力，并构建信息化教学环境，搭建教师信息化教学的交流平台，提升教师信息化教学能力的激情和热度。借助互联网的优势，鼓励优秀的信息化教学成果参与分享和交流，各专业之间、高校之间加强交流与合作。

（4）建立有效的激励措施与保障制度

建立科学、合理的信息化教学激励措施，能有效驱动教师主动参与信息化教学改革，是鼓励教师主观积极参与教学能力提升的有力措施。配备强而有力、可保障高效执行的信息化的管理制度，是延续和提升教师信息化能力的根本保障。立章为制，建立信息化教学长效机制，为勇于尝试和开展信息化教学的教师提供经费保障，为参与信息化教学改革、信息化教学活动和比赛的教师提供资金支持。

6.教师信息化教学能力提升策略

（1）进一步优化教学信息化环境

高校教学信息化环境（包括软环境与硬环境）是教师参与信息化教学改革积极性的重要影响因素，由此出发，学校应结合学校的办学需要、专业特点和学科发展规划，加快信息化硬环境建设，如建设多媒体教室、沉浸式教室、智慧教室，引入信息化管理平台、虚拟仿真教学系统和建设 VR 教学实训室。同时，也要营造信息化软环境，如开展各类信息化教学比赛、信息化教学名师评选、信息化教学先进班级评优等。这样，教师和学生在教学信息化环境的影响下，会逐渐增加参与信息化教学改革的意识和积极性。

（2）教学信息化培训与信息化运用相结合

教师教学信息化能力的整体提升主要依赖于"送出去"和"引进来"两种培训方式。"送出去"参加培训的教师主要参加各类学会和教育机构承办的培训会议，教师能接触到先进的教学理念和教学方法。"引进来"的培训方式主要是邀请业界的教学能手或者教学有创新的专家来校开展培训。这类培训，发挥了专家引领作用，有利于向所有教师传输教学信息化的最新动态，整体提升教师信息化教学的认识和操作技能，提升学校教学的信息化水平和能力，促进信息化与常规化教学结合与运用。

在教学信息化的培训过程中，教师重点学习最新的教学理念和教学方法、现代信息技术和信息技术在教学过程中的操作技巧与方法。这样，教师就把培训过程中学习到的内容与信息化教学更好地结合起来，就能更好地解决实践教学过程的困难。

（3）教学信息化竞赛与信息化教学相结合

全国多媒体课件制作大赛、全国高校微课教学比赛以及全国职业院校信息化教学大赛有利于参赛教师和学校以高标准高要求提升参赛作品的质量和水平，教学管理部门应该借参赛的机会，培养和训练一批信息化教学能力强、信息化教学技能过硬的教师组建信息化教学课程改革团队，以专业化团队为基础，建设专业课程和教学资源库，影响或吸引其他教师参加信息化建设，为广大教师实施信息化教学奠定基础。

（4）引进信息化网络教学资源与校本信息化教学资源协同建设

在"互联网+"教育的背景下出现了专业化的专任开发教材素材、教学资源的公司和专门针对教学过程提供服务的平台。高校可以引入优质的信息化、数字化的教学资源和教学服务平台，支持对教学活动进行评价。同时，结合地方特色、课程和学科特点，组建高水平的师资队伍，建设校本级信息化教学资源应用于日常教学。这样，便于促进网络教学与校本教学资源共同建设和协同发展。学生通过教学资源库和网络教学服务平台开展课前、课后的主动学习，教师则可以在课前发布下次课的教学内容、学习任务、教辅资料和参考资料，为学生自主学习提供更多的学习辅助资源；在课堂上，教师根据学生反馈的问题或疑问进行个别或有针对性的答疑；而课后，师生通过教学服务平台进行线下交流与互动，巩固教学知识点和操作技能。

(5) 教学信息化成效与教学信息化反思相结合

通过教学信息化改革的推进，取得了一定的成效：教师组建的教学团队创建一套属于自己的教学资源库，学校则拥有了一批教学资源丰富、专业特色鲜明，符合学校特征及专业发展规划的教学资源库，学生也有了可以开展自主学习的且符合专业人才培养计划的课程和教学资源。在此背景下，能否进一步取得更好的成效，还得依赖于教师信息化教学能力和教师信息化运用水平的不断提升，以及学生较快地适应信息化教学的过程。

第五节 信息技术与课程融合之课堂教学应用

作为一种新型的课程资源，微课程在课程教学中的运用有待提高。本节分析了微课程的内涵、特征和应用现状等，旨在为改善和促进微课程课堂教学提出了具体策略，以期为教育教学改革及发展提供借鉴，也为进一步开展课堂教学研究夯实基础。

1.微课程定位及其课堂教学中的现状分析

随着网络时代移动终端设备的逐渐普及以及无线网络技术的不断发展，微课程成为一种具有创新意义的教学模式和学习方式。郑军等针对大学二年级学生使用微视频学习的调查结果显示"有82%的学生使用手机上网，有43%的学生进行过网上学习……54%的学生认为微视频的学习效果更好"。[4]

杜玉霞等针对高校学生应用微视频现状的调查报告指出"课程教育类微视频开始受到高校学生的关注和学习，但关注率还比较低"，并且高校学生观看的微视频资源最主要来源于商业网站，而不是适合于学生自主正式学习的教育机构网站。

微课程得到广泛的应用，但在课堂教学中尚未引起足够的重视，究其原因，我们认为主要存在以下几个方面。

（1）微课程中微视频展现的形式比较单一，部分的微视频仍然以"课堂实录"为主要形式，教学形式上缺乏突破性。

（2）教育工作者对微课程的认识不够，对微课程比较陌生。

（3）微课程内容上没有体现"微"的特征，课程内容过多，短时间内无法清晰地表达知识点或主题单元。

（4）部分微课程制作目的局限于各类比赛，脱离了常规的课堂教学。

（5）现有的微课程参差不齐，不能引起学生持久性的关注，学生对获取微课程资源的途径不了解。

2.微课程课堂教学的策略

微课程作为一种微型资源，其学习内容设计精细，知识点粒度小，能提升学生的认知能力，有利于学生在课堂教学中进行投入性学习并及时理解关键知识点，能有效满足学生的学习需求，提升解决实际问题的能力。[5]作为新常态下的一种教学形式，在"微时代"大背景下，兼备一套与传统课程相联系的、具有完整的教学内容和教学体系的微课程，应该在课堂教学中得到重视。

（1）加强微课程建设，从微课程应用的角度出发，微课程是为教学改革和教学方法创新而准备的，应该加强和指导微课程的建设，减少微课程创作的盲目性和随意性。微课程应用的目的是让教师教得更轻松，学生学得更快乐、更高效。因此，在微课程开发过程中，设计开发人员应注重微课程的实用性，使得微课程教学能根据教学内容的需要更好地服务学生。

（2）提高教学设计能力和教学水平，促进教师较好的运用信息化手段

课堂教学分为理论性课堂教学和创造性课堂教学。教师可以根据所授课程中教学内容的不同特性（如理论性和实践性、陈述性和程序性），选择不同的教学设计方法和教学模式进行课堂教学的设计并制作微课程资源。在教学实施过程中，教师灵活地运用微课程教学资源对教学内容进行展示和讲解，引导和协助学生较好地掌握和理解教学内容，提升教学设计能力和教学水平。

（3）建立统一开放的微课程资源管理平台，发挥微课程资源的教学作用

微课程的质量直接影响着教与学的效果。以就业导向为基础，建立高标

准、高质量的微课程体系，建立统一开放的微课程资源管理平台，贯彻微课堂教学方法，建立以学生为中心的学习模式，促进学生自主学习，提升学生主动学习的积极性和解决问题的技能，发挥微课程资源的教学作用。

(4) 改革传统的教学方式，发挥微课程的优势，促进教学方式的转变

在教育信息化背景下，移动学习（Mobile Learning）、翻转课堂（Flipped Classroom）、混合式学习（B-Learning）、微课程和大规模开放在线课堂（MOOC）等各种在线学习平台的出现对传统的课堂教学方式生产了强烈的冲击。因此改革传统的教学方法，创建以互联网为特色的在线学习平台才能迎合时代的发展。

随着"微时代"在教育领域的作用日益凸显，微课程逐渐成为教育信息化背景下课堂教与学的主要资源。认清微课程在课堂教学中的定位，加快微课程资源的建设和利用，有利于促进发挥微课程优势、提升教师教学设计能力和教学水平、促进教学方式改革、提升学生主动学习的积极性和解决问题的技能、促进教育教学改革更好的发展。

参考文献

[1] 王觅,贺斌,祝智庭.微视频课程:演变、定位与应用领域[J].中国电化教育,2013(4).

[2] 胡铁生."微课":区域教育信息资源发展新趋势[J].电化教育研究,2011(10).

[3] 沈继伟. 微课程在课堂教学中的运用与研究 [J]. 中国校外教育,2014(11).

[4] 刘颖.微课程在计算机基础课程教学中的应用[J].职业时空,2014(12).

[5] 胡铁生. 我国微课发展的三个阶段及其启示 [J]. 远程教育杂志,2013(4).

[6] 张璠争.高职院校学生行为类型研究[J].教育与职业,2015,4(10).

[7] 于飞.高职学生学习行为及影响因素调查与统计分析[J].职业教育研究,2013,3.

[8] 申奇志,温宇,胡佳英.示范性高职学院学生学习行为的特点及对策分析[J].岳阳职业技术学院学报,2010,11(25).

[9] 罗建平,马陆亭.高校学生类型与学习行为关系[J].国家教育行政学院学,2013,8.

[10] 张桂荣,朱天志.课堂教学技能训练的最优途径——微型教学[J].高等农业教育,2001(9).

[11] 杨俊宴,史宜.基于信息化平台的微教学模式探讨[J].城市规划,2014,12(38).

[12] 唐鹏程,朱龙军.微课与高校教学改革的相互影响[J].现代职业教育,2015,(12).

[13] 王瑞.信息化环境下移动课堂教学模式探究[J].中国教育学刊,2015,12.

[14] 陈兵.传统课堂教学与网络教学整合模式的探讨[J].教育与职业,2006,10(29).

[15] 张岩.信息化时代教师专业成长的策略与途径[J].教师教育论坛,2015,4(28).

[16] 谢爱民.浅谈影响大学生英语自主学习能力的一些情感因素[J].魅力中国,2014,(25).

[17] 潘穗雄,邹应贵.高校信息化教学资源的整合策略[J].中国教育信息化,2009,3.

[18] Franks,P.Blended Learning:What is it? How does it impact student retention and performance? In Proceedings of World Conference on E-Learning in Corporate, Government,Healthcare,and Higher Education [Z].2002.

[19] 何克抗.我国教育信息化理论研究新进展[J].中国电化教育,2011(1).

[20] 牛汉钟.关于"双主体、互动式"教学模式的探讨[J].吉林省教育学院学报,2014,2.

[21] 林雪燕,潘菊素.基于翻转课堂的混合式教学模式设计与实现[J].中国职业技术教育,2016,(2).

[22] 郭丹.关于混合式学习存在的问题及改进策略[J].职教论坛,2012,35.

[23] 张德成.基于创客教育理念的中小学教师信息技术应用能力提升培训[J].中国教育信息化,2017(08).

[24] 孔晶,赵建华.教师信息技术应用能力发展模型及实现路径[J].开放教育研究,2017,3(23).

[25] 张凯,陈艳华.基于五维度的教师信息技术应用能力提升——以四川省少数民族地区幼儿园教师为例[J].陕西学前师范学院学报,2017(8).

[26] 丁晓. 高职院校教师信息化教学能力培养研究 [J]. 教育科学论坛,2017.

[27] 教育部办公厅.中小学教师信息技术应用能力标准(试行)[DB/OL].

http://old.moe.gov.cn/publicfiles/business/htmlfiles/moe/s6991/201406/170123.html,2019-2-2.

[28] 刘月梅."互联网+"背景下高职院校教育信息化教学能力提升策略的探索与实践[J].延安职业技术学院学报,2017,31.

[29] 陈君涛,展金梅,洪志强.移动信息化教学困境与优化对策[J].湖北函授大学学报,2017,30(15).

[30] 梁云真, 蒋玲等. 职业院校教师信息化教学能力现状及发展策略研究——以 W 市 5 所职业院校为样本[J].电化教育研究,2016(04).

[31] 付奎亮.高职教师信息化教学能力发展研究[J].宁波职业技术学院学报,2017,21(5).

[32] 丁晓. 高职院校教师信息化教学能力培养研究 [J]. 教育科学论坛,2017,(Z1).

[33] 顾小清,祝智庭,庞艳霞.教师的信息化专业发展:现状与问题[J].电化教育研究,2014(1).

[34] 胡平霞.职业院校教师信息化教学能力培养研究[J].继续教育,2017,(5).

[35] 张圆圆.高职院校教师信息化教学能力现状分析及提升对策[J].黑龙江生态工程职业学院学报,2017,30(6).

第六章　信息技术与课程深度融合实践

第一节　新技术及其对教育的影响

21世纪人类社会正式步入信息时代，此时，我们正处于一场新的技术变革之中。随着改革开放40年，我国已经站在了一个新的历史高度，位于世界第二经济体。2010年3月5日，时任国家总理温家宝在十一届全国人大三次会议的政府工作报告中曾明确指出：大力培育战略性新兴产业。随后，各级政府和科研机构纷纷加大对新技术及战略性新兴产业的投入和政策支持，各类新技术快速发展。

1.物联网及其对教育的影响

（1）物联网概述

1990年，施乐公司发明的网络可乐贩售机首次引入了物联网。1995年，比尔·盖茨在《未来之路》一书中提及物联网的概念。物联网自诞生以来，作为新兴的技术其实并不年轻，在近10多年的发展历程中，不同国家、不同机构、不同组织都在不停地关注着物联网。自2009年始，美国、欧盟、日本等国家或区域都纷纷出台物联网技术的发展规划，深谋远虑地从新的高度进行了相关技术和产业的布局。同年，时任总理温家宝考察无锡时提出加快传感网络产业发展，把新一代信息技术充分运用在各行各业之中。但从全球范围上来看，无论是国内还是国外，物联网的研究和运用都还处于初级阶段。

（2）物联网的概念

有关资料表明，麻省理工学院Auto ID研究中心的Ashton教授最早提出物联网，这一观点在国外得到普遍的认同。他认为，物联网的理念是基于射频识别技术（RFID）和电子代码技术（EPC）等，将所有物品的信息通过各类传感设备，在互联网互联产基础上，构建一个能实现全球物品信息实时共享的大型网络，并实现所有物品信息智能化识别和管理。2010年，温家宝总理在政府工作报告中对物联网做了如下定义："物联网是指通过信息传感设备，按照约定的协议，将任何物品与互联网连接起来，进行信息交换与通信，以实现智能化识别、定位、跟踪、监控和管理的一种网络。"2012年7月，国际电信联盟（ITU-T）的第13研究组对物联网做出了定义：物联网主要是实现物到物（thing to thing，T2T）、人到物（human to thing，H2T）以及人到人（human to human，H2H）之间的互联，同时也认为实现物联网的核心技术是普适网络、下一代网络和普适计算。

（3）物联网的特征

从以上定义可以看出，物联网具有全面感知、可靠传输、智能处理等特征。

①全面感知

可以通过射频识别技术和功能各异的传感装置、定位装置和电子代码等工具对自然界中的万物进行信息感知和信息采集。信息的全面感知包括对万物的信息采集、协同处理、智能组网、信息服务等，最终可以达到控制、指挥万物的目的，从而实现物与物、人与物的泛在连接，实现对物品和过程的智能化感知、识别、管理和利用。

②可靠传递

将收到的感知信息接入信息网络，通过电信网络技术，随时随地进行信息的远程传输，实现信息的实时交互、共享和共用，以达到有效处理的目的。在信息实时传输过程中，通常需要稳定、高效和可靠的电信网络，包括有线网络和Wi-Fi、3G、4G、5G网络等无线网络，都将作为物联网实施运行的有力支撑。

③智能处理

利用各种智能计算技术对海量的感知数据进行分析和处理。感知数据可

以是跨地域、跨行业和跨部门的，智能计算技术包括云计算、模糊识别等。通过智能技术对经济活动中的各类活动和数据变化的洞察力，实现了物联网智能化的决策和控制。

（4）物联网的关键技术

物联网的关键技术一般包括 EPC 技术、RFID 技术、传感器技术、WSN技术和 M2M 技术等。

①EPC 技术

EPC 技术，其全称是 electronic product code，是为每一个商品建立全球的、开放的编码标准。EPC 用数字信息的形式存储于和具体的商品实物固定在一起的 RFID 应答器中。EPC 统一了对世界范围内商品标识编码的规则，通过并应用于 RFID 系统中，联合网络技术而组成了 EPC 系统。

②RFID 技术

射频识别技术，其英文全称是 radio frequency identification，简称为RFID，它是一种非接触式的自动识技术，其工作原理是通过向目标物体对象发射频信号，从而实现自动识别目标物体对象并通过算法准确获取目标数据。

RFID 系统主要由 RFID 应答器、RFID 阅读器以及 RFID 高层软件组成。RFID 是物联网的关键技术之一，物联网需要感知各种物体，RFID 这种非接触式自动识别技术的出现很好地解决了这一问题，成为物品识别最有效的方式。

③传感器技术

传感器是一种将检测到的信息按照一定的规律输出成信号的器件或装置。传感器作为信息获取和传输的重要技术，与通信技术、计算机技术一并构成了信息技术的重要支柱技术。传感器的种类繁多，原理也不尽相同，但均能满足信息传播、存储、显示的需要，甚至还可以记录传感器的信息和控制传感器。传感器技术作为一种新兴的学科，广泛应用在工业自动化、航天技术、军事工程和医疗诊断方面，是物联网的核心技术之一。

④WSN 网络

WSN 网络即无线传感器网络，英文全称是 wireless sensor network，简称

WSN。它是物联网的关键技术之一，是通过无线通信工具构成的一个自组织网络，这个自组织的网络包括许多廉价的微型传感节点。它可以实现实时采集、相互联系处理、双向传递信息，并将传感器捕获到的信息发送给观察人员。WSN 的网络构成通常可以分为物理层、MAC 层、网络层、传输层和应用层，它综合了如传感器、计算机技术、嵌入式技术、无线通信技术、分布式信息处理技术等。同时，它也扩展了人类与世界远程交互的方式和渠道，具有较为广阔的应用前景。

⑤M2M 技术

M2M 技术也称为机器对机器技术，其英文全称是 machine-to-machine，简称为 M2M。它是一种能实现机器通过网络进行通信的工具，也是一种实现机器智能交互的网络服务。一般情况下，机器本身会植入无线通信模块，采用无线通信为技术手段，在建筑、能源、金融、贸易、交通和物流领域为客户提供信息化的综合解决方案，具有良好的发展前景。

（5）物联网对教育的影响

物联网迅速发展，并被教育领域采用，使得智慧校园、智慧教室、智慧实验室等成为可能。物流网对教育的影响主要包括优化教学环境、提升实验教学、维护校园安全及管理等。

①优化教学环境

在互联网的媒介作用下，物联网技术可以把教学过程中用到的各个物品赋予其智能化和人性化的特点，同学们在学习的过程中或教师在讲授的时候都可以通过物联网相互交流，甚至可以与课堂设施进行"交流"。物联网可以让学生对智能化、人性化的设备有深厚的兴趣，也能让学生在相互交流和讨论的过程中共同进步。智能化、人性化的物联网还能够根据课堂教学过程中突发的实际情况做出对应的调整，这与教师根据教学内容提前设定的、内容固定的 PPT 有较大的不同。物联网能够依据用户的地理位置扩展其知识能力，推送相关的知识，构建超级学习环境，借助情景感知，使学习者之间能够产生互动的学习体验等。

②提升实验教学

在实践教学过程中，实验教学能在很大的程度上提升学生的操作能力，让学生在实践的过程中掌握实验设备的操作技能和技术。但对于未能掌握和了解实验设备操作技巧的学生来说，装备有物联网技术支持的各类感应器的实验仪器，能够较好地提升实验课堂教学的学习效率。它的作用可以描述为：教师能够通过感应器传来的数据来随时监测学生操作设备的使用情况，减少学生在操作设备过程中出现的错误或对错误进行及时的提醒或纠正，避免因操作设备不当而发生事故；另外，教师还可以回顾课堂实践教学的过程，针对实验过程中普通存在的问题进行解析，减少类似问题的出现。这不但保障了教学成效，提升了课堂教学的有效生，还保障了实践教学的安全性。

③维护校园安全及管理

物联网技术能够轻松便捷地管理校园里的不同教学设施。特别是针对那些存放分散，常年无人管理、无人维护或极易损耗的设备，物联网的传感器可以在设施发生故障或异常的时候，第一时间感应仪器的状态或预警设备故障信息，有效避免教学设备的损坏，大大地减少了因设施故障带来的危险和财产损失，维护了校园的安全和稳定。

2.云计算及其对教育的影响

（1）云计算概述

不可质疑，云计算是最近几年广大学者、研究机构讨论最为热烈、发展最为迅速的新兴技术之一。2010 年，国务院在《国务院关于加快培养和发展战略性新兴产业的决定》中明确提出加快推进"云计算的研究和示范应用"。这一决定吹响了云计算技术快速发展的号角，成为国人纷纷关注的主题和探讨的话题。尤其是在 2015 年的国务院政府工作报告中，总理将其写入其中，云计算变得炙手可热。

（2）云计算的概念

"云"可以简单的来说，它其实就是一个网络。也可以这样浅显地认为：它是将用户常用的输入输出设备与计算机主机设备分离，而负责交互数据、逻辑计算的主机设备存放在"云"端，这些设备依靠互联网进行有效的连接。为了弄清楚云计算的定义，我们可以从狭义和广义两个角度来理解。从狭义上来讲，云计算就是一个能够提供无限资源的网络，用户可以按需提取需要的资源。当然，这些资源的提取是在付费的前提下实施的。从广义上来讲，云计算是一种需要信息技术、软件、互联网络支持的服务，这种服务的体现形式是取之不尽、用之不竭的资源。云计算将这些资源聚集起来，通过高效的软件实现智能化、人性的管理，为用户快速地提供资源。云计算是信息时代的一个大飞跃，未来的时代可能是云计算的时代。

（3）云计算的特点

云计算的特点可以简单地概括为可靠、便捷和强大。可靠指的是云计算为用户提供安全、稳定、可靠的数据存储中心。这个数据存储中心，是由专业的业务团队来管理，有先进的数据存储中心来存储数据，用户访问的权限有严格的权限管理策略，因此，用户不必担心存储的数据会存在丢失或被入侵等问题。便捷则是指对用户访问云计算网络设备的要求比较低，使用方便快捷。比如：用户可以通过浏览器直接对"云"端的文档材料进行浏览、编辑、修改和保存，也可以分享给其他用户。强大指的是云计算可以实现数据在不同设备之间应用和分享，为用户提供无限的应用可能，如为用户提供无限多的存储空间来管理数据，也为各种应用提供强大的计算支持。

（4）云计算的关键技术

云计算能够得到广泛的应用，离不开虚拟化、数据管理、数据存储、分布式编程、资源管理、安全保障、业务接口等关键技术的支撑。

①虚拟化技术

虚拟化技术是一门通用的技术，是云计算核心技术之一，它可以将各种计算技术、存储空间、网络资源进行高效的融合和充分的利用，也是一种基础性的设计技术，可以应用在所有的云架构上。计算机资源的虚拟化包括服务器虚拟化、网络虚拟化、存储虚拟化等。

②数据管理技术

面对海量增长的数据存储和快速高效的数据分析，云计算需要依靠数据

管理技术，才能满足数据的更新速度和随机读取速度的深层次的需要。

③数据存储技术

为了同时为大量用户服务、响应大量用户的请求和快速高效处理好这些并行的请求，要求云计算的数据存储技术具备高吞吐率、高传输率、分布式的特点。

④分布式编程技术

简化云计算的程序，提升使用云计算服务的用户体验，云计算构建的编程模型必须体现简易化的特点，同时，其复杂的后台并行执行方式和任务调度逻辑需要透明，这便于用户和编程人员熟悉分布式的编程特点。

⑤资源的管理和调度

"云"端的数据资源丰富，呈现海量级的模式。为了做好"云"端资源的管理和高度，需要协同做好资源管理、用户管理、任务管理以及安全管理工作，实现云计算网络中的节点的故障屏蔽、资源利用服务状况的监控、用户请求任务的调度和用户身份信息的管理等。

⑥业务接口

统一业务接口的主要作用是方便用户的各项业务向"云"端迁移，也为用户在各个云服务网络中的业务数据和资源的迁移提供便捷、快速、高效的技术支持，也保障用户数据的稳定、安全，避免数据在迁移过程中丢失。

⑦安全技术

安全技术主要包括数据安全管理、身份及访问管理、数据传输、日志管理、审计管理、依从性管理等。其中，关键的数据安全管理技术包括数据保护及隐私、虚拟镜像安全、数据加解密、数据验证密钥管理、数据恢复、云迁移的数据安全等。

（8）运营支撑管理技术

运营支撑管理技术是为了支持大规模的云计算环境，需要建立各层次的信息安全机制，部署一些辅助的子系统，确保云计算部署和运营管理达到高度自动化和智能化的程度。

（5）云计算对教育的影响

云计算模式为学校提供了网络数据计算服务，节约了投资 IT 基础架构的成本，同时，云计算也将有效地消除教育信息系统中的"孤岛"现象，实现虚拟网络下信息化资源的共享和协同工作最大化。当前，云计算对教育领域的影响主要体现在整合教育资源、降低教育成本、转变教育方式和提高管理效率四个方面。

①整合教育资源

云计算有利于将"信息孤岛"中的教学资源整合到云服务系统当中，有利于广大师生高效、合理、便捷地利用教学资源开展教学工作，促进教学质量和教学水平的提升。教学资源的整合既可以是校内的，也可以是校际之间的教学资源的整合。这可以帮助学校应对扩招后教学资源需求的增长和教育投入的不足所带来的问题，可以解决因教学资源短缺所带来的供需矛盾，积极进行教学资源的优化和配置，提高教学资源的利用率。与此同时，云计算还扩展了教学对终端教学设备的需求。比如说，在一个云计算网络中，个人计算机、虚拟实验室这些设备都可以从"云"端获取，学生也可以从"云"端使用这些资源，开展实验。

②降低教育成本

云计算可以在较大程度上降低学校的成本，主要体现在购买教育资源建设的硬件设备和软件服务的成本上，但是，有了云计算，学校在采购计算机时不用购买高性能的设备，可以大大降低学校教育资源建设中的硬件成本。另外，教育管理部门或各类学校可以把教学资源、课程资源等数据迁移到云计算网络中，减少了服务器的购买和维护的成本，也减少了硬件设施或软件服务更新的费用，降低了人工管理费用等。

③转变教育方式

学校的教学资源管理系统迁移到云计算网络中后，教师可以在任何地点、任何时间根据需要开展教学活动。同时，在云计算的支持下，学生也可以随时随地搜索学习资源、阅读教案、提交作业与交流协作。在云计算的环境下，

学生在教学活动中的主体地位得到显现；教师只要打开终端设备，在连网的状态下，就可以开展教学工作，有助于教师教学水平的提高，进而提高学校教学质量。

④提高管理效率

通过云计算所创建的云教育平台，可以进一步推动学校教育信息化的改革，便于提升学校的信息化管理水平、信息化管理能力、信息化管理质量、信息化管理效率。比如：学校可以向广大教职员工、在校学生或校友发布各类信息，及时获得教职员工和学生反馈的信息。在云计算的服务模式下，信息的便捷、快速传递有助于提高学校的管理效率，大大地降低了管理时间和管理费用。同时，管理者也可以通过云教育服务平台了解学校管理方面的数据，及时发现和分析问题，第一时间提出工作改进的办法和问题解决的措施。在云计算服务模式下，教育管理的观念和模式也将随之发生巨大变化，管理出效益、管理出质量的理念将得到进一步的落实和印证。

3.大数据及其对教育的影响

（1）大数据概述

大数据的起源最早可以追溯到 20 世纪，著名的未来科学家阿尔文·托夫勒在《未来的冲击》一书中对大量非结构化数据做出了预测，并提出"人工编码信息"将代替自然信息充斥人们的生活。而大数据的概念真正兴起是在 2008—2012 年。2008 年 9 月 4 日，Nature 杂志上刊登了一个名为 *Big Date* 的专辑，首次提出了大数据的概念。最早认为"大数据（Big Data）"时代到来的是麦肯锡。麦肯锡称，大数据的应用已经渗透到大部分的行业和领域，成为非常重要的生产因素。大数据在物理学、生物学、环境生态学等领域以及军事、金融、通信等行业存在已有时日，因为近年来互联网和信息行业的发展已引起人们的强烈关注。

（2）大数据的概念

对于大数据，著名研究机构高德纳（Garttner）给出了这样的定义：大数据是需要新处理模式才能具有更强的决策力、洞察发现力和流程优化能力的海量、高增长率和多样化的信息资产。百度百科在描述大数据的概念时阐述到，大数据是一个 IT 行业术语，是指无法在一定时间范围内用常规软件工具进行捕捉、管理和处理的数据集合，是一种需要新处理模式才能使其具有更强的决策力、洞察发现力和流程优化能力的海量、高增长率和多样化的信息资产。国际数据公司（IDC）对大数据的定义是：为了更经济地从高频率获取的、大容量的、不同结构和类型的数据中获取价值而设计的新一代架构和技术。

根据三种来自权威机构对大数据的定义来看，我们可以从中总结出大数据的四个特点：海量的数据规模、快速的数据流转、多样的数据类型和巨大的数据价值。

唐斯斯在《智慧教育与大数据》一书中没有对大数据进行精准的定义，但是从大数据的技术属性和社会属性两方面对其进行了详细阐述，其中，技术属性包括海量化数据、高速度处理、多样化结构、强关联数据、易变化数据、精确化数据和数据有效性等；社会属性包括权力多中心、交互回应性、网络关联性和需求个性化等。

哈斯高娃在《智慧教育》一书中认为，大数据的概念已经远远超过技术领域，应看到大数据所创造的社会管理价值和对行为方式的变革。

（3）大数据的特征

①海量的数据规模

根据国际数据公司的《数据宇宙》报告显示：2008 年全球数据量为 0.5ZB，2010 年为 1.2ZB，人类正式进入 ZB 时代。更为惊人的是，2020 年以前全球数据量仍保持每年 40% 的高速增长，大约每两年就翻一倍，这与 IT 界的摩尔定律极为相似，可以看作是"大数据爆炸定律"。

②快速的数据流转

数据具有一定的时效性，是不停变化的，如果我们采集到的数据不经过流转，最终会过期作废。客户的体验在分秒级别，海量的数据带来的第一个问题就是大大延长了各类报表的生成时间，我们能否在极端的时间内提取最有价值的信息呢？数据在 1 秒内得不到流转处理，就会给客户带来较差的使

用体验，若我们的数据处理软件达不到"秒"处理，所带来的商业价值就会大打折扣。

③多样的数据类型

大数据的类型是多元化的，按数据格式来划分，有文字、图片、音频、视频；按来源来划分，有传感器、互联网。在大数据中，用户是个单一的、复杂的独立个体，其单一的行为数据不足以描绘出用户的行为，需要将收集来的多元化信息像拼接拼图一样，才能慢慢地勾勒出用户的身体骨架，慢慢为骨架增添血肉。还比如说，我们在日常生活中需要网购商品，在淘宝、京东、天猫等平台搜索或浏览某件商品时，浏览器就会采集到我们曾经浏览过的商品信息等数据。浏览器就会从中挖掘有价值的信息，并与商品信息进行匹配，然后再把商品信息推送给我们。这种利用大数据分析用户需要的服务模式越来越懂用户的需求了，也在各个商业领域都有所体现。

④巨大的数据价值

数据分析以及分析基础上的数据挖掘和智能决策，最终体现在工作生活中的智能应用。与传统的数据挖掘的概念不同，对于大数据价值的挖掘，可以通过海量数据的交换、选择、整合和分析，探索新知识、获得新价值，带来"大知识""大科技""大利润"和"大发展"。也就是说，将海量数据最大化地、集约性地、多头性地运用于企业、社会、生活等各个方面，以创造最大的价值。而人工智能技术，正是发挥大数据价值的"利器"之一。

（4）大数据的关键技术

大数据处理的关键技术一般包括：大数据预处理、大数据存储及管理、大数据挖掘与分析、大数据展现和应用等。

①大数据预处理

主要完成对已接收数据的辨析、抽取、清洗等工作。辨析的是将收集的数据进行初步的甄别、筛选；抽取是将复杂的数据通过技术的处理将其转化为单一的或者便于处理的结构和类型，便于后期数据的快速处理和分析；清洗是对数据进行过滤，去除没有价值的数据，提取出有价值的数据。

②大数据存储及管理

大数据的存储及管理指用存储器把采集到的数据存储起来，建立相应的数据库，并进行管理和调用。重点解决复杂结构化、半结构化和非结构化大数据管理与处理技术，解决大数据的可存储、可表示、可处理、可靠性及有效传输等关键问题。

③大数据挖掘及分析

数据挖掘主要是提供从实际应用过程中产生的数据提供有潜在价值的信息，这些数据存在模糊的、随机的、不完全的、有噪声的特点。大数据分析是通过对有价值的信息挖掘之后，对有效信息进行分析和处理的过程。

④大数据应用

大数据技术的主要应用是为人类的社会经济发展活动和服务提供有效的依据，为各个行业和业务领域服务，大大地提高了行业和业务领域的运行效率和水平，提升了整个社会化活动的集约化管理程度。根据 2018 年 9 月 16 日发布的《中国大数据应用发展报告》对大数据发展与应用的分析来看，大数据应用技术在我国的发展涉及机器学习、人工智能、数据科学、开源系统、知识图的大数据应用与数据立法及数据安全。

(5) 大数据对教育的影响

"教育大数据有广义和狭义之分。从广义方面来讲，教育大数据常用来泛指所有来源于常规教育活动中师生的行为数据；而狭义方面的教育大数据则是指学习者的课堂和课下的学习行为数据，它主要来源于学习管理系统、在线学习平台和课程管理平台等"。大数据对教育的影响可以概括为：促进教与学的有效性，实现教育的普惠化和个性化，促进教育教学评价的理性化、教育决策和管理的科学性，加速构建智慧教育生态圈等。

①促进教与学的有效性

在大数据时代，可以为教师个性化的教学提供众多教学素材和教学资源，促进教学活动的高效开展，而学生则可以更加主动、更加便捷的获取资料，开展个性化学习。教师还可以对大数据进行分析，探索出适应时代需求的教

学方法和教学工具，创设教学环境、优化教学评价内容和方式，更新教学内容、革新教学方法、合理规划教学时长、明晰教学过程组织，大大提升教学的有效性。

②实现教育的普惠化和个性化

大数据让教育更加普及和公平。大数据促进区域教育资源共建共享，降低重复建设和浪费；大数据加大优质教育资源的普及，缩小不同地区之间的差异；大数据使教育方式从单调化走向个性化；大数据驱动了个性化教学，真正实现了因材施教；大数据驱动了个性化学习，学生可以根据喜好选择课程；大数据驱动了个性化交互，为老师、学生、家长搭建了一对一精准交互平台。

③促进教育评价的全面化

大数据时代为教育评价的开展提供了崭新的思路：第一，发展性的教育评价观初步显现。这种评价观强调以教育评价对象为主体，以主体性的发展为目标，以学生的内在需要为出发点，重视学生的学习过程、学习体验和师生交流。第二，教育评价的范围不断扩大。它强调教育评价对象不应该仅限于学生，还应该包括教师、学校、课程等对教育活动和教学评价有重大影响的参评对象。第三，对教育的评价更加全面化，在教育评价中依靠大数据对教育的方方面面进行更为全面、客观的解读。

④推进教育决策的科学性

传统的教育决策往往根据主观经验、直觉甚至流行趋势，缺乏数据和事实的支撑。大数据时代，以数据驱动决策将成为大数据背景下提高教育决策的一个新视角，大数据将始终贯穿教学决策的全过程，为教育决策研判提供数据参考。在数据全面性、及时性和可利用性等方面都比以往的信息化管理系统有大幅度的提高。

⑤完善教育质量监控体系

在大数据时代，数据的来源是多样化的。就学校而言，学校概况、办学规划、师资队伍、图文信息、仪器设备、教学资料、课程信息、学生信息、实训条件等都是教育质量监控数据的来源。使用大数据分析，可以大幅度提升教育质量和教学监控水平，构成全方位动态的教学监控体系。

⑥加速构建智慧教育生态圈

智慧教育生态圈是指围绕人的教育活动，基于大数据平台等一系列应用，按照智慧教育的发展模式，形成双向的价值转移，可以实现教育自循环和可持续发展的互动环境体系。随着大数据在教育领域的深化应用，它将推动大平台系统，构建大服务体系，而大平台系统是智慧教育生态圈运行的基础，大服务体系是智慧教育生态圈发展的路径。因此，大数据加速了对智慧教育生态圈的构建。

4.人工智能及其对教育的影响

（1）人工智能概述

人工智能起源于 1950 年，当年著名的数学家、逻辑学家阿兰·图灵（Alan Turing）发表了一篇划时代的论文《机器能思考吗?》，并提出了著名的图灵测试。1956 年，在美国达特茅斯（Dartmouth）学院，正式以"人工智能"的名义召开了一次长达两个月的学习讨论会，这次讨论会标志着"人工智能"这门新学科的正式诞生。计算机学家约翰·麦卡锡（John McCarthy）首次提出人工智能的定义：使一部机器的反应像一个人在行动时所依据的智能，制造智能机器的科学与工程，特别是智能计算机程序。1960 年，约翰·麦卡锡在美国斯坦福大学建立了世界上第一个人工智能实验室。20 世纪 60 年代以来，人工智能的研究活动越来越受到重视。经过近几年互联网的飞速发展，人工智能对企业甚至是行业产生了巨大而又深远的影响。1986 年，Rumel Hart 提出了反向传播（back propagation，BP）学习算法，解决了多层人工神经元网络的学习问题，掀起了新的人工神经元网络的研究热潮，人工智能广泛应用于模式识别、故障诊断、预测和智能控制等多个领域。

（2）人工智能的概念

人工智能是一个非常有趣的新兴技术。它本来源于人类对自身的好奇心和对知识探寻的渴望感。随着计算机计算速度的大幅度提升，人们开始思考比人还要聪明的机器，这种想法其实就是人工智能的开端。现如今，人工智

能是计算机科学领域的一个重要分支，它在模拟人类相似的思维方式，并在思维方式下做出人类的反应，具有智能化的特征。目前，人工智能的研究包括语音识别、图像识别、机器人研发、自然语言处理等。总体上来说，人工智能是一门新兴的科学技术，主要用于研发模拟和拓展人类智能的方法和技术。

广义的人工智能，泛指通过计算机实现人的头脑思维所产生的效果，它是研究和开发用于模拟、扩展人脑思维逻辑方式的智能化的方法、理论、技术以及围绕此所开发的各类应用系统工具。人工智能的构建过程包含多个学科的知识体系，如计算机科学、数学、生理学、哲学等学科的内容。而我们通常讲的人工智能是指人工智能技术，它指的是利用技术学习人、模拟人，乃至超越人类智能的综合能力；即通过机器实现人的头脑思维，使其具备感知、决策与行动力。具体包括使用机器帮助、代替甚至部分超越人类实现认知、识别、分析、决策等功能的技术手段，如自然语言处理、语音识别、计算机视觉、机器智能技术。

（3）人工智能特征

人工智能是一项综合性技术，结合了信息数据以及计算机技术，是大数据时代能够快速高效处理信息的工具。人工智能与计算机技术相辅相成，它的最大优势在于可以将声音、图像或气味进行处理，极大程度上解决了生活中的难题，从而使人们的生活水平得到进一步提高。人工智能与大数据、云计算的最大区别是，互联网及新兴技术改造的是传统行业，是应用层面的创新，但人工智能改变的却是互联网本身。这种改变和颠覆体现在全新交互式、自进化和去节点化三个方面。

①全新交互方式

从互联网到移动互联网，从个人计算机到智能手机，人机交互在方式上的变化并不快，更新换代的周期很长。从最早的打孔机器到DOS命令操作，再从键盘鼠标的输入输出到智能手机带来的全触控体验，虽然操作方式不完全相同，但基本上都是依靠双手输入。

人工智能带来的则是真正意义上的人机交互层面上的革命，真正解放了人的双手，让语音交互、图像识别、自然语言理解等技术方式成为新的传递媒介和对话窗口。

②自进化

人工智能被赋予了更高维度的机器学习的能力，具备了语音、图像等方面的识别、认识、理解和交互的能力，是一种累积多年后的突变。人工智能依托于互联网海量数据的积累以及数据挖掘、自然语言处理、语音交互、图像识别、深度机器学习及用户建模等方面的技术积淀，这些为人工智能的迅猛发展提供了成长养料。

2016年4月，谷歌的AlphaGo又以4:1的比分战胜国际围棋大师李世石，震惊世界，迅速点燃了人们对人工智能的关注。AlphaGo 2.0不再跟人类学怎么下围棋了，而是跟自己学，它已经超越了整个人类的围棋水平。于是2017年5月，AlphaGo 2.0完胜柯洁。

③去节点化

去节点化即"所说即所得"，人工智能将使用门槛降到了0。去节点化带来了低门槛、便捷性、高效性，提升了友好度，使得人工智能可以服务更广泛的人群。去节点化改变的是信息、应用和服务的组织、匹配方式。它将过去显性、透明且有用户参与的行为浓缩在一起，数据处理、逻辑判断及交互表达的动作都在后台的"黑匣子"里发生，都被电子化、数字化和"云化"了。

(4) 人工智能的关键技术

人工智能的关键技术主要包括：数据挖掘与学习、知识和数据智能处理与人机交互等。

①数据挖掘与学习

通过对收集、整理、清洗后的大数据进行挖掘处理后，可以阐明数据之间的内在联系，然后通过机器学习的方式深度研究处理后地数据。当前，机器学习研究的主要内容是让计算机通过不同的算法尽可能相似地模拟或实现人类的社会学习行为活动。基于人工智能技术的深度学习的神经网络已经在很多的工业、教育等领域得到了广泛的应用。在计算和分析海量数据的过程

中，神经网络因具有分布式的计算性能、多神经元、多层次深度的反馈调整等特点而受到广大科研人员的关注。数据挖掘和学习技术逐步发展成为人工智能的关键技术之一，为更高智能技术的产生和发展奠定了坚实的基础。

②知识和数据智能处理

专家系统是一类具有专门知识系统的计算机智能管理系统，其运行原理是：通过特定领域中专家提供的专门知识体系和经验信息，借用人工智能的相关技术来模拟专家解决复杂的问题。知识和数据智能处理是人工智能的关键技术之一，在知识和数据的处理过程中，主要依赖的技术就是专家系统，通过对知识和数据的智能处理，实现了人工智能从算法分析、理论研究向实际应用的跨跃式突破。

③人机交互

人机交互应用的技术主要是机器人和模式识别。机器人主要是模拟人类的行为、动作，在一定程度上替代人类的工作，是当前较为先进的智能化技术。目前，机器人在企业生产、生活照料、医疗手术、金融服务等众多领域中得到广大的推广和使用。人工智能所研究的模式识别指的是利用计算机相关工具或设备来代替或帮助人员完成外界事物的感知，其主要研究的对象是模式识别算法和模式识别系统。也就是要让计算机能够模拟人类的感觉器官对外界产生的感知反应和处理事情的能力。

（5）人工智能对教育的影响

自20世纪70年代以来，人工智能技术取得较大的关注和发展，其研究成果也逐步受到教育工作者或教育主管部门的重视，应用到教育领域或教学活动之中。何克抗教授在《当代教育技术的研究内容与发展趋势》一书就提到"愈来愈重视人工智能在教育中应用的研究"。人工智能对于弥补当前教育存在的种种缺陷和不足，推动教育发展改革和教学现代化进程起着越来越重要的作用。人工智能对教育的影响主要概况为：提高教育信息素养、提高教与学的思维能力、提高教学的质量和效率以及提高教学的个性化和交互性等。

①提高教育信息素养

人工智能在教育领域中的使用，可以提升教师获取、加工、管理信息的能力，提升信息交流或信息利用的能力，以及对信息收集过程、信息加工方法、信息质量评价的能力。同时，教师也可以在人工智能的帮助下对"知识信息"进行智能化管理，加大对知识信息形式化的表示、自动化的推理，提升并实现教师信息智能化的教学能力和创造能力。

②提高教与学的思维能力

在教学过程或实践实训过程中引入人工智能技术，学生可以在体验、认知人工智能的理论知识的同时，提升学生认识人工智能技术在解决结构化、非结构化问题的解决方法和过程。从而，逐步培养学生多角度观察、解决问题的思维理念，也可以提高学生模仿人工智能专家系统解决复杂问题的思路，提高学生分析问题、判断问题、解决问题的水平和能力。

③提高教学的质量和效率

人工智能应用于教育中，可以有效提高教学质量。因为通过计算机向学生展示大量图文并茂的知识和教学内容，一定程度上可以强化学生对知识的感性认识，为学生全面理解和深度掌握所学知识和技能提供了便捷的工具。此外，计算机帮助教师完成一些常规性的教学设计，让教师把更多的精力关注于学与教的过程和行为，大大提高了教学效率。

④提高教学的个性化和交互性

智能代理技术在教育教学中的推广和应用，可以从网络空间中探寻并收集用户预定的信息内容，这样可以解决因关键词单一造成匹配查询效果不佳、或因搜索工具造成的信息检查不精准的问题。因此，人工智能在很大程度上满足了师生对个性化教学的需求。

5.移动互联网及其对教育的影响

（1）移动互联网概述

2017 年 1 月 22 日，中国互联网络信息中心（CNNIC）发布《中国互联网络发展状况统计报告》中提到，截至 2017 年 6 月，中国网民规模达 7.51 亿，手机网民规模达 7.24 亿，互联网普及率达 54.3%。网民中使用手机上网的比例由 2016 年底的 95.1% 提升至 96.3%，手机上网比例持续提升。2018 年中国

手机上网用户数量高达 8.02 亿。截至 2019 年 6 月，我国互联网普及率达 61.2%，较 2018 年底提升 1.6 个百分点，我国手机网民规模达 8.47 亿。中国互联网行业整体向规范化、价值化发展，同时，移动互联网推动着市场消费方式的转变，消费模式呈现数字化、共享化的特点。

（2）移动互联网的概念

目前，移动互联网尚无一个统一的定义。有资料显示，比较有代表性的定义是"移动互联网是以移动网络作为接入网络的互联网及服务，包括三个要素：移动终端、移动网络和应用服务"。这个定义出现在《移动互联网白皮书》一书中，这本书由中国工业和信息化部电信研究院在 2011 年发布。移动互联网这种技术既融合了移动通信技术的便捷性、时效性、移动性等特点，又体现了传统互联网覆盖面积广、多应用程序支持，实现了人们不受时空限制获取新闻资讯、进行事务处理的需求。

移动互联网有庞大的用户群和随时随地的泛在网络，具有高便捷性与强制性、永远在线及占用用户时间碎片、病毒性信息传播、定位系统、安全性更加复杂等特点。与普通的有线网络相比，移动互联网有较好的传输带宽，传输距离远，传输区域大，抗干扰能力较强，应用广泛且绿色环保。

（3）移动互联网的特征

移动互联网是建立在传统互联网的基础上而出现的，因此，这两者存在一定的共同点，但也存在不同点。移动互联网的通信技术和终端设备发展方向与传统互联网迥异，因而，它又存在传统互联网不具备的特征。

①交互性

在接入移动网络的状态下，用户可以通过随身携带的移动终端设备随时开户移动互联网提供的服务。一般情况下，人们都会选择在上、下班的途中，休息空闲的时候，排队的时候在移动网络或 Wi-Fi 网络的支持下处理业务、享受乐趣等。现阶段，无论是小到电话手表、手环，还是大到智能手机、平板电脑，这些终端都在发挥强大的功能。人们可以通过发送文字、语音、视频、文档或图片来进行交流，这大大提升了在移动网络支持下用户之间的交互性，大大缩短了用户之间的距离感。

②便携性

移动终端设备因其体积小、重量轻，可以随身携带等特点，深受广大市民的喜爱。人们可以将其装入口袋、手袋或随身携带的书包中，可以在任意场合接入移动网络。若因电量不足，还可以使用充电宝等小容量供电设备充电使用。这些特点决定了移动终端设备在移动办公、网上冲浪的优越性。与PC 相比的话，移动终端设备简直太便捷高效了。任何时候任何地点，用户都可以获取网上的信息，如新闻资讯、娱乐资料、音乐、电影、商务信息、酒店、餐饮、交通等多种信息，并且还可以使用支付宝、微信、云闪付等移动支付方式来结算费用，这使得人们的日常生活、吃穿住行用方便轻松多了。

③隐私性

移动终端设备的隐私性远高于 PC 的要求。在移动互联网的环境下，由于高隐私性的特点，我们通常不需要考虑通信运营商与设备商在技术上如何实现信息的保护。这样，既保障了客户认证的有效性，也保证了用户分享信息的安全性。这与传统互联网公开、透明、开放的特点不同。传统互联网中，用户信息或搜索后的信息容易被搜集，而移动互联网下的用户在传递信息时不需要共享自己的设备属性信息，也就保障了个人通信的隐私性。

④定位性

定位性是移动互联网区分传统互联网应用的典型功能之一，人们根据移动互联网提供的定位服务，可以及时了解用户周边的商务应用、生活资源、电子商务服务信息等。目前，基于定位性的特点开发的应用服务主要有：定位签到、当前位置分享、当前位置周边社交应用、基于位置围栏的消息推送服务、优惠券和电子商务信息服务、基于位置的娱乐应用、基于用户位置的换机感知及信息服务更新等。

⑤娱乐性

用户可以通过移动互联网轻松愉快地享受生活的惬意，如与朋友分享图片、播放视频、静听音乐、欣赏美文和查阅电子邮件等，这些都为用户的生

活、工作带来更多的便利和无尽的乐趣。

⑥局限性

移动互联网在发挥其便捷服务的同时，也会受到内在和外在因素的影响和限制。比如，网络的流量限制、终端硬件性能的限制。在网络方面，会受到无线网络的运行环境、传输设备、工作环境等因素的影响；在终端硬件方面，会受到终端硬件设备体积的大小、运行能力、技术支持和电池容量的影响等。移动互联网运行性能的高低受到各个环节的相互影响、相互作用和相互制约，任何一部分受到影响都会延续和影响移动互联网的整体发展。

⑦强关联性

移动互联网业务具有明显的强关联性，主要体现在：移动互联网业务开展的形式受到网络运行能力和终端设备性能支持的限制，受到网络技术规格和终端设备技术参数的影响。因此，移动互联网的发展与移动应用平台的发展紧密相联。如带宽不足会影响在线视频、电话、影音通信、移动网络游戏等应用的体验。

⑧身份统一性

这里讲的身份统一性是指用户身份认证的统一。用户的身份包括自然身份、交易身份、支付身份以及社会身份信息。用户访问或登录各个身份信息验证性的网站或平台，都需要验证用户的信息。通过身份认证统一后，在互联网的逐渐完善下，身份认证的基础平台统一后，原本分散的身份认证信息将会得到统一。例如：微信、支付宝等支付工具要求用户是实名制的，因此会要求绑定用户的手机号码、身份证号码以及银行卡号，支付的时候只要验证了手机号码就会直接从银行卡中扣除相应额度的费用。

（4）移动互联网的关键技术

移动互联网的关键技术主要包括：移动 Web 2.0 技术、HTML 5.0、SOA 技术、4G 和 5G 等。

①移动 Web 2.0 技术

Web 2.0 是在 Web 1.0 的基础上发展起来的，其概念是 2004 年的一场头脑风暴论坛。Web 2.0 模式下的互联网具有去中心化、开放共享的特点，强调用户的地位。用户是内容的创造者，也是内容的消费者。我们可以这样理解，用户可以随时随地发布自己的观点，也可以不受时间和空间的限制获得自己需要的信息和分享个人的各种观点和意见。在 Web 2.0 技术支持下，人与人之间的交流方式发生了深刻的变化。

②HTML 5.0

HTML 5.0 是继 HTML 后互联网的下一代新标准，是构建网页页面内容的一种语言表达工具，是展现互联网内容的一种开发语言。HTML 5.0 提供丰富的文字、图片、音频、视频等多媒体元素呈现的函数，同时也规范了动画与设备的交互行为和网页 3D 界面的技术支持标准，有助于手机等小屏幕的移动终端设备的使用。

③SOA 技术

SOA 技术，中文名是面向服务的架构，英文全称为 Service-Oriented Architecture。SOA 是一个组件模型。SOA 技术能够将定义好的独立接口与应用程序连接起来，并通过统一、简单和开放的方式进行交互，并且为消息的传递提供可靠和信任的保障。

④4G 技术

4G 技术（第 4 代移动通信技术）集成了 3G 技术与 WLAN 技术，能快速、稳定、高效地远距离传输各种数据文件，如高质量的视频、音频和图像等，还能以 100Mb/s 以上的速度下载，能够满足几乎所有用户对于无线服务的要求。4G 可以部署在没有覆盖 DSL 和有线电视调制解调器的地方，该技术包括 TD-LTE（Time Division Long Term Evolution，分时长期演进）和 FDD-LTE（Frequency Division Duplexing Long Term Evolution，频分双工长期演进）两种制式。

⑤5G 技术

5G 技术（第 5 代移动通信技术，5th Generation Mobile Networks，简称 5G 或 5G 技术）是最新一代蜂窝移动通信技术，也是对 2G、3G、4G 技术的延

伸。5G 技术具有优越的高数据速率、节省能源、减少延迟、提高系统容量、降低成本和大规模设备连接等特点。Release-15 中的 5G 规范的第一阶段是为了适应早期的商业部署。Release-16 的第二阶段将于 2020 年 4 月完成，作为 IMT-2020 技术的候选提交给国际电信联盟（ITU）。ITU IMT-2020 规范要求速度高达 20Gbit/s，可以实现宽信道带宽和大容量 MIMO（multi input multi output，多输入多输出）。2019 年 10 月 31 日，三大运营商公布 5G 商用套餐，并于 11 月 1 日正式上线 5G 商用套餐。

（5）移动互联网对教育的影响

移动互联网在教育中的应用涉及常规教学、教研科研、生活娱乐、信息化管理等多个方面，兼顾个人、部门和集体的业务。移动互联网对教育的影响主要包括教育资源碎片化，教育场景移动化、教育模式按需化和教育形式互动化等。

①教学资源碎片化

教学资源的碎片化也称为教学资源的微化，是指以最小粒度的知识点为单元将学习内容进行分解，学生可以以正式或非正式的学习方式开展学习。教学资源碎片化的优点是提高了学生在等车、排队等碎片化时间的有效利用率，有效地满足了学生对知识从不知到认知、从认知模糊到学习精准的学习诉求。

②教育场景移动化

移动互联网教育是传统的互联网教育与移动网络相结合的产物。实现了随时随地按需教学。教育场景不再固定于学校、教室、图书馆等，可以在家里、公交车上、公园里，很多公司和企业敏锐地感受到了这种趋势，也纷纷投入为研究适合不同类型的学员和客户的学习资源，使适合不同场景化的教育培训满足人们随时随地的学习需求。

③教育模式按需化

移动互联网的问世，智能终端设备的不断更新普及，U-Learning、E-Learning 等学习模式的出现，碎片化教学资源的精心制作，这些为人们开展个性化的学习提供了可能性和便利性，很大程度上影响着人们学习态度的改变和学习模式的变化。传统的教育模式以培训为主，忽略了学生个体的差异性，导致了教育的低效率。而移动互联网支持学习者随时随地通过手机搜索和查询答案，实现了按需学习。

④教育形式互动化

传统的网络教育一般需要学员在指定的时间内坐在计算机面前接受教育培训，这是一种单向的固定知识传授。而在移动互联网的模型下，借助智能终端设备的便捷性，人们可以随时随地打开手机等智能终端设备，打开搜索引擎服务的工具，通过搜索资料和主动提供的方式在互联网平台获得解决生活和工作中遇到问题的方案和建议，并据此达到与他人友好交流、相互学习的目的。

6.虚拟现实及其对教育的影响

（1）虚拟现实概述

虚拟现实（Virtual Reality，VR）是 1989 年美国的加隆兰里尔（Jaron Lanier）正式提出来的。钱学森建议把 Virtual Reality 技术叫作"灵境技术"，由它构成的信息处理环境称作"灵境"。目前，产业领域投身虚拟现实的创业团队呈爆发式增长。工信部 2016 年发布的《虚拟现实产业白皮书》显示，2015 年中国虚拟现实行业市场规模 15.4 亿元，2020 年预计超过 550 亿元。由此：2016 年被称为"VR 元年"。

虚拟现实是从英文 Virtual Reality 一词翻译过来的，从字面上看，Virtual 是虚拟的意思，Reality 就是真实的意思，合并起来称为虚拟现实，实简称 VR。国内也被译为"灵境"或"幻真"。虚拟现实是一项融合了计算机图形技术、多媒体技术、传感器技术、人机交互技术、网络技术、立体显示技术、心理学以及仿真技术等多种科学技术发展起来的计算机综合技术。

虽然虚拟现实相关技术和思想发展了很多年，但是作为一个完整的科学技术概念，是由美国 VPL 公司创始人杰伦·拉尼尔（Jaron Lanier）在 20 世纪 80 年代首次提出的，拉尼尔指出："Virtual Reality"是由计算机产生的三维

交互环境，用户参与到这些环境中，获得角色，从而得到体验。拉尼尔因此也被业界称为"虚拟现实之父"。

虚拟现实技术已经被公认为 21 世纪重要的发展学科以及影响人们生活的重要技术之一。它是采用计算机技术模拟生成一个三维、逼真的、能够提供给用户关于视觉、听觉、触觉等一体化感官模拟的虚拟环境，用户可以借助外置装备，以自然的方式与虚拟环境进行交互，并相互影响，从而产生身临其境、获得同等真实环境的感受和体验。

（2）虚拟现实的概念

虚拟现实是指用立体眼镜、传感手套等一系列传感辅助设施来实现的一种三维现实。人们通过这些设施以自然的方式（如头的转动、手的运动等）向计算机送入各种动作信息，并且通过视觉、听觉以及触觉设施使人们得到三维的视觉、听觉及触觉等感官世界，随着人们不同的动作，这些感觉也随之改变。虚拟现实是一项综合的技术，还包括一切与之有关的具有自然模拟逼真体验的技术与方法。

虚拟现实性是多媒体技术广泛应用后兴起的一种新技术，融合了计算机技术、电子技术、仿真技术等，广泛使用在教育、医学、设计、军事、影视娱乐等多个领域。它综合利用三维图像生成技术、多传感交互技术及高分辨显示技术，生成三维逼真的模拟环境，用户戴上特殊的头盔、数据手套等传感设备，成为虚拟环境中的一员，从人类的感知功能方面，如听觉、视觉、触觉、味觉、嗅觉等去感受虚拟环境，达到身临其境的感觉。

（3）虚拟现实对教育的影响

虚拟现实在教育中的应用主要是通过让学生在由虚拟现实相关的软硬件所呈现出的三维虚拟环境中进行学习来实现的。虚拟现实技术结合教材中的教学内容和知识点，通过技术构造的方式形象生动地呈现一个虚拟的教学环境，学生通过这个虚拟的学习环境，能够领会知识和掌握技能。虚拟现实技术可以在很大程度上优化教学过程、展现教学内容、调动学生的积极性和学习兴趣、增强学习体验，提高课堂教学有效性和教学质量。同时，也拓展了多维的学习空间，延伸了学习的载体，构造了学习与趣味融合的学习环境。

①激发了学习兴趣

虚拟现实技术将教学内容立体化呈现给学生，引导学生身临其境地感知作者的意境，实现人机互动、深入交流，让学生在学习过程中享受空间的虚幻感和情境化。虚拟现实做到了寓教于乐、寓教于形，丰富了知识表达的方式和表现的手法，促进学生知识的成长。这与扁平化的传统教学截然不同。

②增强了学习体验

在虚拟现实创设的场景中开展教学活动，可以增强学生学习的真实体验，在此情形下，学生的参与度得到较大的提升，学习主动性明显增强。除此之外，随着教学内容的变化，学生作为场景中的被引导者，容易伴随着角色的转变而接受新的角色的赋予。通过角色的转换和表达，在一定程度上能增强学生的想象力和创造力。

③拓展了多维的学习空间

虚拟现实技术为学生提供了一个高逼真、高交互的不受时间和空间限制的多维学习空间，它消除了因时间和空间的限制造成的对知识认知的中断。在虚拟多维的学习空间里面，学生可以观察到小到原子、大到宇宙的物体的变化，还可以观察诸如细胞分解、机械运行等无法从书本直接获取的直观的知识内容。这对于学生认知微观事物有重要的支撑作用，学生有沉浸式的学习体验。另外，虚拟学习空间更易做到教学素材的更新迭代。

④提供了学习载体

虚拟现实技术在实践教学过程中的应用，在很大程度上可以减轻学校实训设施陈旧、实训条件不足、型号落后、教学经费不足、场地不够、教师授课时间受限等问题，使学生足不出户就可以在虚拟环境中开展实践活动，获得与课堂教学一样的学习体验，加深了对课堂教学内容的深入理解。

（6）虚拟现实与 E-Learning 系统的结合

虚拟现实性的实现可以分为两大类：基于专用硬件的虚拟现实技术和基于软件的虚拟现实技术。基于软件的虚拟现实技术可以在个人计算机上实现，

实现技术主要有：VRML 语言、全景环视技术、Java 语言等。

在 E-Learning 系统中使用的虚拟现实主要是针对基于软件的虚拟现实技术。利用虚拟现实，可以有效地解决 E-Learning 系统授课中难以教授试验的难题，同时也能够更加有效地吸引 E-Learning 系统学习者的注意力。

由 20 世纪 60 年代开始，媒体科技一直在研究和开发新方法，让观众可以主观地、直接地，在多感官的计算机模拟环境中活动，观众可以处理模拟环境中的物体，犹如处理现实中的物体一样，这就是虚拟现实技术。

在 E-Learning 系统制作中，常常要用到图形、视频图像和动画，但是只有这些设备还不够，因为学习者不仅要身临其境地参与活动，还需要自己动手去触摸、控制一些设备，尤其是对于一些特殊的学科，如医学、飞机驾驶等，特别需要虚拟现实技术。所以，在 E-Learning 系统制作中使用虚拟现实技术是非常必要的。

第二节　E-Learning 教学系统的融合案例

E-Learning 是电子化教学系统和基于学习者自主化学习的总称。简单来说，它一般可以认为是一个电子化的学习系统，结构模型主要是由不同的功能模块组成，每个功能模块又分别用独立的技术来实现，并配合各部分不同的服务方式，构成 E-Learning 教学系统的完整性。

随着计算机技术的飞速发展，加快了人类进入信息社会的步伐，计算机应用在社会发展中的地位越来越重要。计算机应用不仅是 21 世纪高等专业人才培养必不可少的重要组成部分，也是各行各业人员必须掌握的现代工具，不掌握计算机将成为新时代的"世纪盲人"而寸步难行。在信息化高速发展的今天，计算机文化教育成为信息社会发展的基本要求，"大学计算机基础"课程已列入高等教育各类专业的公共必修课程。"大学计算机基础 E-Learning 教学系统"（以下简称"系统"）是为高校计算机文化基础课程的教学而设计的教学软件，是"大学计算机基础"课程的 E-Learning 教学系统。

1.E-Learning 系统的框架结构

E-Learning 是电子化教学系统，它既可以是基于 Web 的交互计算机网络课程，也可以是基于数字化技术的多媒体教学软件或系统。下面以基于 Web 的计算机网络课程系统为例说明 E-Learning 教学系统的框架结构（如图 6-1 所示）

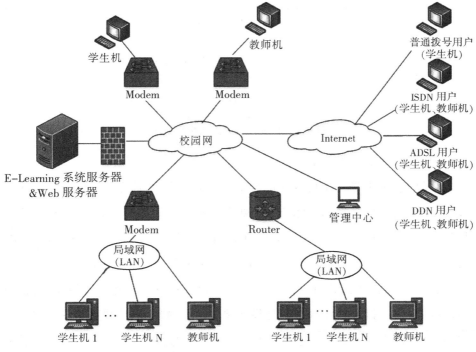

图 6-1 基于 Web 的 E-Learning 系统框架图

此类系统采用 Browser/Server（浏览器/服务器）模式开发设计。好处是不受具体操作系统和硬件的制约，可以建构大型的网络教学系统。网络课程的开发与应用使 E-Learning 系统更为实用、方便。

2.E-Learning 系统的显示外观定制

（1）用户界面定制

系统的基本界面结构如图 6-2 所示。其中标题区和目录导航区占据了总界面面积的 1/3 左右，用户可单击主内容区中的"上下伸缩窗口"来显示/隐

藏标题区；单击主内容区中的"目录显示/隐藏"来显示/隐藏目录导航区，定制用户的浏览界面。通过定制用户界面可最大化地显示主内容区的内容，有利于用户将注意力集中到系统所提供的学习内容上来。

标题区（Logo）	
主导航条	
目录导航区	主内容区

图 6-2 系统基本界面结构示意图

（2）目录导航操作

目录导航区也是一个可伸缩的导航。导航有一级标题和二级标题，其中一级标题始终显示，而二级标题起始处于隐藏状态。当单击某个一级标题时，可显示这个一级标题下的二级标题，同时收缩其他已展开的二级标题；再次单击这个一级标题时，收缩其二级标题，如此循环。

目录导航区中的标题和主内容区中的标题一一对应。由于篇幅限制和美观设计的要求，目录导航区中的有些标题只是主内容区中标题的简写或缩写。如目录导航区中的"1.2 系统及原理"对应于主内容区中的"1.2 计算机系统组成及工作原理"。

（3）字体大小定制

不同用户对字体大小的浏览习惯可能有所不同，所以，本系统采用了 JavaScript 技术实现页面字体大小的设置。在主内容区中有大、中和小三种字体大小提供给用户选择。

（4）自动滚屏

双击主内容区，主内容区窗口会自动向上滚屏；单击主内容区自动滚屏便停止。

3.《大学计算机基础 E-Learning 教学系统》主界面设计

（1）主界面介绍

系统采用 HTML、XML 技术及 JavaScript 语言等 Web 编程技术对多媒体信息进行合理的整合，实现了图文展示、视频播放、视频演示、自动测试和自动评卷等功能，具有界面美观、操作方便等特点。

系统启动后即可进入系统首页界面（如图 6-3 所示），在主窗口中显示了各模块的简介，在标题栏的菜单条中进行选择，即可进入各子功能模块界面。菜单条包括：首页、数字课堂、上机实验、课外训练、综合测试等五个子菜单项。系统主界面应用 Web 设计的模板技术，设置了统一的页面格式。

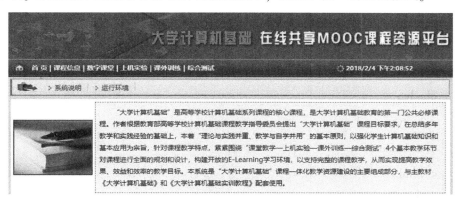

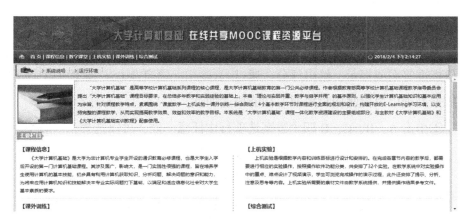

图 6-3 《大学计算机基础 E-Learning 教学系统》——主界面

（2）主界面框架源码（文件名：Index.htm）

```
<html>

<head>

<title>大学计算机基础 E-Learning 教学系统</title>

<meta http-equiv=" Content-Type"  content=" text/html; charset=gb2312" >

</head>

  <frameset rows=" 144,*"  framespacing=" 0"  frameborder=" no"
border=" 0"  id=" topfrm" >

  <frame src=" home/s_u.htm"  name=" u"  scrolling=" no" >

  <frame src=" home/main.htm"  name=" main" >

</frameset>

<noframes>

<body>

</body>

</noframes>

</html>
```

4.选择题功能实现

（1）选择题功能介绍

客户端程序主要完成功能有：翻页显示题目，记录用户的答题操作情况，提供标准答案或提示，给出评分。通过 JavaScript 语言及 CSS 技术可以完成有关数据处理以及控制用户界面。功能描述如下：

①单击 A、B、C、D 四个答案选项行中任意一处，可以选择某一答案。

②单击"上一题"按钮，题目序号往前翻页。

③单击"下一题"按钮，题目序号往后翻页。

④单击"自我测试"按钮，可以显示答题的正确比率，得出成绩。

⑤单击"显示答案"按钮，正确（标准）答案选项将以红色显示。

通过"上一题"和"下一题"两个按钮控制层的显示和隐藏的实现。

"上一题"按钮对应 up–layer（）函数，代码如下；"下一题"按钮对应 down–layer（）函数，代码略。

```
function up–layer（）  {
k=document.form1.index.value;
    if (k>=1)  {
        showHideLayers（" Layer" +k," ," hide"）;//隐藏当前层
        k--;//改变题号
        document.form1.hide–index.value=k;//保存当前题号（对应于第 K 层）
        showHideLayers（'Layer'+k," ,'show'）;//显示当前层
        }
    }
```

记录用户的答题操作情况：每道题采用一组单选按钮，用户的操作情况由单选按钮记录。

图 6-4 《大学计算机基础 E–Learning 教学系统》——课外训练（选择题 2-1）翻页浏览

显示标准答案：通过"显示答案"读取表单一中隐藏域的值来获取标准

答案，并把正确选项的字体颜色改为红色：如标准答案为 B，实现代码语句为：document.getElementById (index*4+2) .style.color=" red"。保留用户的选择和标准答案信息，训练过程中要进行前后比较。

给出评分：通过循环读取 Form1 中隐藏域的值获取标准答案，比较单选按钮选定状态来判断用户选择的正确性，最后给出评分，在 InfoLayer 中显示。

各章节在微视频资源显示、选择题、操作题和思考题使用统一的框架结构，为了节省篇幅，上述所示图片内容为代表性内容，相同的内容不再一一呈现。

（2）选题题界面源码

```
<html>
<head>
<meta http-equiv=" Content-Type"  content=" text/html; charset=gb2312" >
<title>" 大学计算机基础" 选择题训练系统</title>
<style type=" text/css" >
<! --
body  {
font-size: 13px;
}
.t15  {
font-size: 15px;
color: #338AD1;
}
.t16a  {
font-size: 16px;
font-weight: bold;
letter-spacing: 1px;
color: #993300;
```

```
}
.t16b  {
font-size: 16px;
font-weight: normal;
letter-spacing: 1px;
color: #666666;
line-height: 30px;
}
.t16s  {
font-size: 16px;
font-weight: bold;
letter-spacing: 1px;
color: #004276;
line-height: 30px;
}
.td2  {
background-color:#D5E7F2;
border: 1px solid #589FDA;
font-size: 16px;
font-weight: bold;
letter-spacing: 1px;
color: #004276;
}
.td21  {
background-color: #007BB7;
border: 1px solid #003300;
color: #FFFFFF;
```

```
    font-size: 16px;

    font-weight: bold;

    letter-spacing: 1px;

    }

    .td41  {

    border-top-width: 1px;

    border-right-width: 1px;

    border-bottom-width: 1px;

    border-left-width: 1px;

    border-top-style: none;

    border-right-style: solid;

    border-bottom-style: solid;

    border-left-style: solid;

    border-top-color: #CCCCCC;

    border-right-color: #CCCCCC;

    border-bottom-color: #CCCCCC;

    border-left-color: #CCCCCC;

    padding: 4px;

    }

    .td4  {

    border: 1px solid #CCCCCC;

    font-size: 14px;

    font-weight: bold;

    color: #004276;

    letter-spacing: 1px;

    }

    .t24  {
```

```
font-family: " Times New Roman" , " Times" , " serif" ;

font-size: 24px;

line-height: 30px;

font-weight: bolder;

color: #FF3300;

font-style: oblique;

}

-->

</style>


<script language=" JavaScript"  >

<! --

var k

k=1;

function downlayer (   )    {

var hmax

k=parseInt (document.form1.hide_index.value) ;

hmax=parseInt (document.form1.hmax.value) ;

//login (   ) ;

    if  (k< (hmax))    {

        document.getElementById (" Layer" +String (k) ) .style.display = "
none" ;

    k++;

    document.form1.hide_index.value=String (k) ;

        document.getElementById (" Layer" +String (k) ) .style.display = "
block" ;

        Layop.innerHTML=" <font color=´#FF0000´>向下！→</font>" ;
```

```
        } else {
    Layop.innerHTML=" <font color='#FF0000'>这已经是最后一题了！</
font>";
        }
    Layno.innerHTML=" 共" +String (hmax) +" 题→" +" 第" +String (k) +"
题";
        }


    function uplayer (  )   {
    k=parseInt (document.form1.hide_index.value);
    hmax=parseInt (document.form1.hmax.value);
    //login ();
        if (k>1)   {
            document.getElementById (" Layer" +String (k)) .style.display = "
none";
            k--;
            document.form1.hide_index.value=String (k);
            document.getElementById (" Layer" +String (k)) .style.display = "
block";
    Layop.innerHTML=" <font color='#FF0000'>←  向上！</font>";
        } else {
    Layop.innerHTML=" <font color='#FF0000'>这是第一题！</font>";
        }
    Layno.innerHTML=" 共" +String (hmax) +" 题→" +" 第" +String (k) +"
题";
        }
```

```
function sub_ch （ ） {

var score,a1

score=0;

hmax=parseInt (document.form1.hmax.value) ;

for （var i=0; i<hmax; i++ ） {

a1=document.form2.elements [i*5+4] .value;

switch （a1） {

  case " A" :

      if (document.form2.elements [i*5] .checked==true) {

      score=score+1;

      }

      break;

  case " B" :

      if (document.form2.elements [i*5+1] .checked==true) {

      score=score+1;

      }

      break;

  case " C" :

      if (document.form2.elements [i*5+2] .checked==true) {

      score=score+1;

      }

      break;

  case " D" :

      if (document.form2.elements [i*5+3] .checked==true) {

      score=score+1;

      }

      break;
```

```
          }
      }
  score= (score/hmax) *100;
  with (Math)   {
  score=floor (score) ;
  }
  Layop.innerHTML=" <b><font color=´#0000FF´>正确率为: </font></b>"
          +" <b><font color=´#FF0000´>" +score+" %" +" </font></b>" ;


}


function cl (n)   {
document.form2.elements [n] .click ( ) ;
}


function getanswer ( )   {
var a1
hmax=parseInt (document.form1.hmax.value) ;
  for (var i=0; i<hmax; i++ )   {
  a1=document.form2.elements [i*5+4] .value;
  switch (a1)   {
    case " A" :
        document.getElementById ( " c" +String ( i*5 +1) ) .style.color = "
#FF0000" ;
        break;
    case " B" :
        document.getElementById ( " c" +String ( i*5 +2) ) .style.color = "
```

```
#FF0000" ;
        break;
      case " C" :
        document.getElementById ( "  c"  +String ( i*5 +3) ) .style.color = "
#FF0000"
        break;
      case " D" :
        document.getElementById ( "  c"  +String ( i*5 +4) ) .style.color = "
#FF0000"
        break;
              }
    }
    }


    function viewanswer ( )  {
    var a1,i
    i=parseInt (document.form1.hide_index.value) −1;
    a1=document.form2.elements [i*5+4] .value;
      switch  (a1)   {
        case " A" :
          document.getElementById ( "  c"  +String ( i*5 +1) ) .style.color = "
#FF0000" ;
        break;
      case " B" :
          document.getElementById ( "  c"  +String ( i*5 +2) ) .style.color = "
#FF0000" ;
        break;
```

```
    case " C" :
        document.getElementById ( " c" +String ( i*5 +3) ) .style.color = "
#FF0000"
        break;
    case " D" :
        document.getElementById ( " c" +String ( i*5 +4) ) .style.color = "
#FF0000"
        break;
            }

    }


    function sub_choice ( )    {
    var score,a1
    score=0;
    hmax=parseInt (document.form1.hmax.value) ;
    for  (var i=0; i<hmax; i++ )   {
    a1=document.form2.elements [i*5+4] .value;
    switch   (a1)    {
      case " A" :
          if  (document.form2.elements [i*5] .checked==true)    {
          score=score+1;
                   }
          break;
      case " B" :
          if  (document.form2.elements [i*5+1] .checked==true)    {
          score=score+1;
```

```
                        }
          break;
      case " C" :
            if  (document.form2.elements [i*5+2] .checked==true)    {
          score=score+1;
                  }
          break;
      case " D" :
            if  (document.form2.elements [i*5+3] .checked==true)    {
          score=score+1;
                  }
          break;
                  }
    }
  score= (score/hmax) *100;
  document.form1.score.value=String (score) ;
  document.form1.submit () ;
    }


  //-->
  </script>
  </head>


  <body leftmargin=" 0"  topmargin=" 0"  marginwidth=" 0"  marginheight="
0" >
    <table width=" 830"  border=" 0"  align=" center"  cellpadding=" 0"
cellspacing=" 0"  background=" bg.jpg" >
```

```
<tr>
<td height=" 20" ></td>
</tr>
<tr>
<td height=" 50"  align=" center"  class=" t16a" >第 1 章 计算机基础
```
知识 选择题训练（1）</td>
```
</tr>
</table>
<table width=" 830"  border=" 0"  align=" center"  cellpadding=" 0"
cellspacing=" 0" >
<tr>
<td height=" 4" ></td>
</tr>
<tr>
<td><form name=" form2"  method=" post"  action="" >

<div id=" Layer1"  style=" display:block" >
<table width=" 830"  border=" 0"  align=" center"  cellpadding=" 0"
cellspacing=" 0" >
<tr>
<td width=" 80"  height=" 105"  align=" center"  valign=" middle"
bgcolor=" #EFEFEF"  class=" td4" ><img src=" ../images/question.jpg"
width=" 60"  height=" 73" ></td>
<td width=" 750"  colspan=" 3"  valign=" middle"  bgcolor="
#EFEFEF"  class=" td4" > <span class=" t16s"  id=" c0" >在软件方面，
```
第一代计算机主要使用（　　）。</span></td>
```
</tr>
```

```
<tr bgcolor=" #ffffe1"  onClick=" cl (0)" >
    <td height=" 70"  align=" center"  valign=" middle"  class=" td41"
><input type=" radio"  name=" 1"  value=" A" >
        <span class=" t24" >A:</span></td>
        <td colspan=" 3"  valign=" middle"  class=" td41" > <span id="
c1"  class=" t16b" >计算机语言</span></td>
    </tr>
    <tr bgcolor=" #F0F3F7"  onClick=" cl (1)" >
        <td height=" 70"  align=" center"  valign=" middle"  class=" td41"
><input type=" radio"  name=" 1"  value=" B" >
        <span class=" t24" >B:</span></td>
        <td colspan=" 3"  valign=" middle"  class=" td41" > <span id="
c2"  class=" t16b" >数据库系统语言</span></td>
    </tr>
    <tr bgcolor=" #ffffe1"  onClick=" cl (2)" >
        <td height=" 70"  align=" center"  valign=" middle"  class=" td41"
><input type=" radio"  name=" 1"  value=" C" >
        <span class=" t24" >C:</span></td>
        <td colspan=" 3"  valign=" middle"  class=" td41" > <span id="
c3"  class=" t16b" >汇编语言          </span></td>
    </tr>
    <tr bgcolor=" #F0F3F7"  onClick=" cl (3)" >
        <td height=" 70"  align=" center"  valign=" middle"  class=" td41"
><input type=" radio"  name=" 1"  value=" D" >
        <span class=" t24" >D:</span></td>
        <td colspan=" 3"  valign=" middle"  class=" td41" > <span id="
c4"  class=" t16b" >BASIC 语言</span>
```

```
        <input name=" h1"  type=" hidden"  id=" h1"  value=" C" ></td>
    </tr>
  </table>
  </div>
  </form>
  </td>
    </tr>
  </table>
  <table width=" 830"  border=" 0"  align=" center"  cellpadding=" 0"
cellspacing=" 0"  background=" bg1.jpg" >
    <tr>
      <td width=" 80"  height=" 38" > </td>
      <td width=" 200"  class=" t14a" > </td>
      <td width=" 250"  class=" t15" ><span id=" Layno" >共 40 题→第 1
题</span></td>
        <td width=" 300"  class=" t16a" ><span id=" Layop" > </span> </td>
    </tr>
    <tr bgcolor=" #D5E7F2" >
    <td height=" 1"  colspan=" 4"  bgcolor=" #CFE4F1" ></td>
    </tr>
    <tr>
      <td height=" 60" ><form name=" form1"  method=" post"  action="" >
        <input type=" hidden"  name=" hide_index"  value=" 1" >
        <input type=" hidden"  name=" hmax"  value=" 40" >
        <input type=" hidden"  name=" score"  value=" 0" >
      </form></td>
      <td colspan=" 3" ><table width=" 740"  border=" 0"  cellpadding="
```

0" cellspacing=" 0" >

     <tr>

      <td width=" 30" height=" 30" > </td>

      <td width =" 110" align =" center" valign =" middle" class =" td2" onMouseOver =" this.className=´td21´" onMouseOut =" this.className = ´td2´" onMouseUp=" uplayer ()" style=" cursor:hand" title=" 向上翻页" >上一题</td>

      <td width=" 30" > </td>

      <td width =" 110" align =" center" valign =" middle" class =" td2" onMouseOver =" this.className=´td21´" onMouseOut =" this.className = ´td2´" onMouseUp=" downlayer ()" style=" cursor:hand" title=" 向下翻页" > 下一题</td>

      <td width=" 30" > </td>

      <td width =" 110" align =" center" valign =" middle" class =" td2" onMouseOver =" this.className=´td21´" onMouseOut =" this.className = ´td2´" onClick=" sub_ch ()" style=" cursor:hand" title=" 自我测试，显示正确率!" >自我测试</td>

      <td width=" 30" > </td>

      <td width =" 110" align =" center" valign =" middle" class =" td2" onMouseOver =" this.className=´td21´" onMouseOut =" this.className = ´td2´" style=" cursor:hand" onClick=" viewanswer ()" title=" 显示本题答案" >本题答案</td>

      <td width=" 30" > </td>

      <td width =" 110" align =" center" valign =" middle" class =" td2" onMouseOver =" this.className=´td21´" onMouseOut =" this.className = ´td2´" onClick=" getanswer ()" style=" cursor:hand" title=" 显示全部答案" > 全部答案</td>

```
    <td width=" 40" > </td>
      </tr>
    </table></td>
  </tr>
</table>
</body>
</html>
```

5.《大学计算机基础 E-Learning 教学系统》形式与环境要求

（1）系统形式

本系统以光盘版和服务器版两种版本提供用户使用。

①下载安装版本

下载安装版也称为单机版，以压缩包的文件载体形式提供给用户，只需要简单安装，就可以直接打开使用，具有操作简单、使用方便的特点，它是一种静态的数据形式。

②服务器版

服务器版也称为网络版，它应用于 www 服务器，读者在网络环境下通过 IE 浏览器使用，功能更多更全，适合广大读者在网上进行教学、学习及交流，是一个功能齐全的 E-Learning 教学系统。它具有内容动态更新的特点，便于不断充实内容、改版完善系统，并增强了网络测试功能。

（2）系统环境要求

由于本系统全部通过 Web 的形式实现，操作非常简单，设备环境要求不高，只需在 IE 浏览器中进行浏览。光盘版本系统环境要求如下：

①IE 浏览器。

②屏幕分辨率为 1024×768。

③Flash 9.0 版本以上插件。

④具有音频、视频的多媒体计算机配置。

本系统根据高等院校计算机文化基础课程的教学要求，针对课堂教学和学生学习过程中的具体困难，对该课程的教学内容、实验以及作业训练进行了系统的设计和合理安排；突出课程重点，注重实用性和可操作性；兼顾到教师教学的开展实施，突出学生学习的操作技能训练和自主式学习；采用HTML、XML 技术及 JavaScript 语言等 Web 编程技术对多媒体信息进行合理的整合，实现了教学内容的图文展示、配音讲解、操作过程的视频演示、自动测试和评价等功能，从而构造了一个较为合理的 E-Learning 教学系统，对计算机普及教育和现代化教育改革具有非常重要的意义。

6.《大学计算机基础 E-Learning 教学系统》课程融合教学资源设计

随着移动互联时代新形态数字技术的发展和新媒体在教育中的应用，学习媒体、学习资源、学习模式不再是单一的、线性的，人们越来越多地开展碎片化学习。碎片化学习不仅是知识内容碎片化、微型化和泛在化，与之相随的是学习时空泛在化、学习媒体多元化、学习思维碎片化。

碎片化学习是指学习者在自然情境中根据自我学习需求，利用多样化学习媒体、零散时间和分布式空间，学习零碎知识内容的学习方式。碎片化学习最典型的特点就是在于时间、空间以及学习内容的不连续学习。

微视频课程是碎片化学习时代网络技术和视频技术快速发展而产生的。微视频课程的首要属性是课程，其次是视频，是通过教学微视频表现的某门学科或某一主题的教学内容及实施的教学活动总和。微视频课程能满足碎片化学习需求。教学微视频作为微视频课程的主要内容，是碎片化学习有效、可行的学习资源。

（1）微视频资源

《大学计算机基础 E-Learning 教学系统》为满足碎片化学习的需要，结合微教学模式的特点，根据教学目标和课程内容的关联性，将"大学计算机基础"的章节内容微视频化，制作了 149 个微视频，还有与微视频教学资源对应的 149 个教学设计 DOCX 文档、149 个教学 PPTX 文档。如表 6-5 所示。资源清单如表 6-6、表 6-7、表 6-8 和表 6-9 所示。

表 6-5 "大学计算机基础"全套课程教学资源统计表

章	主教材					实训教程							
	数学课堂			思考题	其他资源	上机实验	课外训练				套次	综合测试	
	教学微课	PPT课件	教学设计	思考题	其他资源	实验	选择题	操作题	思考题	填空题		选择题	操作题
单位	讲	个	章	道	个	个	题	题	题	题	单位	题	题
第1章	18	18	18	40		2	80		40	30	第A套	30	4
第2章	38	38	38	30		11	60	5	30	20	第B套	30	4
第3章	26	26	26	30		11	60	5	30	20	第C套	30	4
第4章	23	23	23	30		11	60	5	30	20	第D套	30	4
第5章	22	22	22	30		9	60	5	30	20	第E套	30	4
第6章	16	16	16	30		3	60	5	30	20	第F套	30	4
第7章	6	6	6	30		2	60	1	20	20	第G套	30	4
其他					3						第H套	30	4
合计	149	149	149	220	3	49	440	21	216	150	8	240	32

表 6-6　教学微课视频（mp4 格式，共 149 个）

序号	章	节	微课编号及名称	时长	备注
1			微课 1-0 第 1 章 导读	04:57	二维码获取
2		计算机基础知识	微课 1-1 认识计算机	05:07	二维码获取
3			微课 1-2 计算机的发展	06:31	二维码获取
4			微课 1-3 计算机的应用领域	08:05	二维码获取
5		计算机系统组成及工作原理	微课1-4 计算机系统结构	08:08	二维码获取
6			微课 1-5 微机主机内部硬件介绍	12:33	二维码获取
7		微型计算机硬件组成	微课 1-6 微机常见外设介绍	05:10	二维码获取
8	计算机基础知识		微课 1-7 新的计算环境下常见硬件介绍	05:46	二维码获取
9			微课 1-8 进位计数制	05:50	二维码获取
10		数据转换及运算	微课 1-9 进制转换方法	14:15	二维码获取
11			微课 1-10 二进制的算术运算	05:12	二维码获取
12			微课 1-11 数值编码	10:51	二维码获取
13		数据表示与编码	微课 1-12 西文字符编码	03:42	二维码获取
14			微课 1-13 汉字编码	06:45	二维码获取
15			微课 1-14 多媒体数据的表示	08:07	二维码获取
16			微课 1-15 计算机病毒概述	10:41	二维码获取
17		信息安全	微课 1-16 计算机病毒的防治	05:35	二维码获取
18			微课 1-17 信息安全技术	08:21	二维码获取
19			微课 2-0 第 2 章导读	04:44	二维码获取
20	Windows操作系统	操作系统概述	微课 2-1 操作系统基本概念	07:14	二维码获取
21			微课 2-2 操作系统类别	08:01	二维码获取
22			微课 2-3 Windows 发展简史	09:38	二维码获取

信息技术与课程深度融合研究与实践

续表

序号	章	节	微课编号及名称	时长	备注
23			微课 2-4 Windows 桌面	07:20	二维码获取
24		Windows 工作界面	微课 2-5 Windows 窗口和对话框	15:19	二维码获取
25			微课 2-6 Windows 剪贴板	04:32	二维码获取
26			微课 2-7 Windows 帮助系统	02:50	二维码获取
27			微课 2-8 Windows 控制面板	01:49	二维码获取
28			微课 2-9 Windows 系统设置方法	03:01	二维码获取
29			微课 2-10 设置桌面	12:33	二维码获取
30			微课 2-11 Windows 日期和时间设置	02:14	二维码获取
31		Windows 控制面板	微课 2-12 Windows 鼠标和键盘设置	03:32	二维码获取
32	Windows 操作系统		微课 2-13 Windows 用户账户管理	08:01	二维码获取
33			微课 2-14 Windows 添加和删除程序	04:25	二维码获取
34			微课 2-15 Windows 查看和管理硬件	02:59	二维码获取
35			微课 2-16 文件与文件夹概念	07:14	二维码获取
36			微课 2-17 文件和文件夹管理工具	06:06	二维码获取
37			微课 2-18 文件与文件夹的查找与查看	06:45	二维码获取
38		Windows 资源管理	微课 2-19 文件与文件夹的操作___选取	06:51	二维码获取
39			微课 2-20 文件与文件夹的操作___复制、移动和发送	06:53	二维码获取
40			微课 2-21 文件与文件夹的操作___创建、重命名和删除	07:23	二维码获取
41			微课 2-22 文件与文件夹的操作___属性及文件夹设置	07:47	二维码获取

序号	章	节	微课编号及名称	时长	备注
42	Windows 操作系统	Windows 常用附件	微课 2-23 记事本的使用	08:48	二维码获取
43			微课 2-24 便签的使用	04:06	二维码获取
44			微课 2-25 画图工具的使用	07:28	二维码获取
45			微课 2-26 计算器的使用	07:47	二维码获取
46			微课 2-27 录音机的使用	03:29	二维码获取
47			微课 2-28 截图工具的使用	04:55	二维码获取
48		磁盘维护和系统优化	微课 2-29 磁盘格式化	08:53	二维码获取
49			微课 2-30 磁盘分区	08:01	二维码获取
50			微课 2-31 磁盘检查	03:47	二维码获取
51			微课 2-32 磁盘清理	03:47	二维码获取
52			微课 2-33 磁盘碎片整理	05:30	二维码获取
53			微课 2-34 Windows 数据备份方法	06:21	二维码获取
54			微课 2-35 使用优化大师	04:28	二维码获取
55			微课 2-36 数据压缩和解压缩方法	06:14	二维码获取
56		中文输入法	微课 2-37 中文输入法	08:28	二维码获取
57	Word文字处理	Word 概述	微课 3-0 第 3 章导读	02:46	二维码获取
58			微课 3-1 Word 概述	05:25	二维码获取
59			微课 3-2 Word 启动和退出	02:45	二维码获取
60			微课 3-3 Word 程序窗口	08:11	二维码获取
61			微课 3-4 Word 文档操作	11:22	二维码获取
62			微课 3-5 Word 文档视图	05:12	二维码获取
63			微课3-6 Word 文档显示控制	09:05	二维码获取

续表

序号	章	节	微课编号及名称	时长	备注
64	Word文字处理	Word 编辑	微课 3-7 输入文本	08:02	二维码获取
65			微课 3-8 选择文本	05:40	二维码获取
66			微课 3-9 编辑文本	10:54	二维码获取
67			微课 3-10 查找和替换	10:34	二维码获取
68		Word 排版	微课 3-11 字符设置	18:57	二维码获取
69			微课 3-12 段落设置	15:03	二维码获取
70			微课 3-13 样式和格式	13:48	二维码获取
71			微课 3-14 页面布局	11:32	二维码获取
72		Word 表格	微课 3-15 表格创建	04:04	二维码获取
73			微课 3-16 表格编辑	08:08	二维码获取
74			微课 3-17 表格格式化	04:23	二维码获取
75			微课 3-18 数据管理	04:47	二维码获取
76		Word 图文混排	微课 3-19 插入图片	09:23	二维码获取
77			微课 3-20 编辑和美化图片	07:20	二维码获取
78			微课 3-21 设置图文混排	05:48	二维码获取
79		Word 高级功能	微课 3-22 模板	06:34	二维码获取
80			微课 3-23 文档保护	04:28	二维码获取
81			微课 3-24 编制目录	04:16	二维码获取
82			微课 3-25 邮件合并	05:09	二维码获取
83	Excel电子表格	Excel 概述 Excel 创建与编辑	微课 4-0 第4章 导读	03:22	二维码获取
84			微课 4-1 Excel 功能简介	03:41	二维码获取
85			微课 4-2 Excel 的启动、退出与窗口	07:19	二维码获取
86			微课 4-3 Excel 的基本概念	05:39	二维码获取

序号	章	节	微课编号及名称	时长	备注
87	Excel电子表格	Excel 概述 Excel 创建与编辑	微课 4-4 Excel 文件操作	07:55	二维码获取
88			微课 4-5 Excel 工作表操作	08:11	二维码获取
89			微课 4-6 Excel 区域选取和表示	09:39	二维码获取
90			微课 4-7 Excel 数据输入	14:10	二维码获取
91			微课 4-8 Excel 数据填充	08:42	二维码获取
92			微课 4-9 Excel 单元格编辑	16:24	二维码获取
93		Excel 设置	微课 4-10 Excel 单元、行和列设置	13:42	二维码获取
94			微课 4-11 Excel 工作表自动格式化	15:18	二维码获取
95			微课 4-12 Excel 窗口操作与批注使用	10:08	二维码获取
96		Excel 公式和函数	微课 4-13 Excel 公式与单元格引用	12:10	二维码获取
97			微课 4-14 Excel 函数	15:36	二维码获取
98			微课 4-15 Excel 自动计算功能	05:07	二维码获取
99		Excel 数据管理	微课 4-16 Excel 数据列表与排序	10:52	二维码获取
100			微课 4-17 Excel 筛选	10:02	二维码获取
101			微课 4-18 Excel 分类汇总	10:25	二维码获取
102			微课 4-19 Excel 透视表	09:50	二维码获取
103		Excel 图表	微课 4-20 Excel 图表基本组成	06:14	二维码获取
104			微课 4-21 Excel 创建图表	06:41	二维码获取
105			微课 4-22 Excel 图表的编辑与格式化	15:38	二维码获取
106	Power Point 演示文稿	PowerPoint 概述	微课 5-0 第 5 章 导读	03:03	二维码获取
107			微课 5-1 PowerPoint 概述	04:24	二维码获取
108			微课 5-2 演示文稿的组成	02:38	二维码获取
109			微课 5-3 演示文稿的视图	03:52	二维码获取

续表

序号	章	节	微课编号及名称	时长	备注
110	Power Point 演示文稿	PowerPoint 编辑	微课 5-4 演示文稿的创建与保存	05:54	二维码获取
111			微课 5-5 演示文稿的编辑	06:13	二维码获取
112			微课 5-6 幻灯片的文本编辑	04:22	二维码获取
113			微课 5-7 幻灯片中图片的插入与编辑	03:24	二维码获取
114			微课 5-8 幻灯片中表格的插入与编辑	03:05	二维码获取
115			微课 5-9 smartart 的插入与编辑	05:46	二维码获取
116			微课 5-10 声音文件的插入与设置	06:13	二维码获取
117			微课 5-11 视频的插入与设置	04:03	二维码获取
118		PowerPoint 外观设置	微课 5-12 幻灯片背景	03:55	二维码获取
119			微课 5-13 应用主题	05:41	二维码获取
120			微课 5-14 母版	05:25	二维码获取
121			微课 5-15 设置页眉页脚	03:05	二维码获取
122		幻灯片放映设置	微课 5-16 对象动画	08:07	二维码获取
123			微课 5-17 切换动画	02:57	二维码获取
124			微课 5-18 幻灯片超级链接	07:44	二维码获取
125			微课 5-19 幻灯片放映	05:47	二维码获取
126		PowerPoint 文件保存	微课 5-20 PowerPoint 文件的打印	01:16	二维码获取
127			微课 5-21 PowerPoint 文件的打包	02:59	二维码获取
128	计算机网络基础	计算机网络基础	微课 6-0 第6章 导读	03:30	二维码获取
129			微课 6-1 计算机网络的定义与发展	03:46	二维码获取
130			微课 6-2 计算机网络组成、功能与分类	08:47	二维码获取
131			微课 6-3 计算机网络的拓扑结构	04:19	二维码获取
132			微课 6-4 计算机网络的体系结构	07:16	二维码获取
133			微课 6-5 数据通信的基础知识	06:00	二维码获取

序号	章	节	微课编号及名称	时长	备注
134	计算机网络基础	局域网	微课 6-6 局域网的基础知识	05:05	二维码获取
135			微课 6-7 组建局域网	05:04	二维码获取
136			微课 6-8 资源共享与访问	03:46	二维码获取
137		Internet 概述	微课 6-9 了解因特网	04:45	二维码获取
138			微课 6-10 IP 地址与域名	06:56	二维码获取
139			微课 6-11 因特网的接入方式	06:24	二维码获取
140		Internet 主要应用	微课 6-12 使用 InternetExplorer 浏览器	06:38	二维码获取
141			微课 6-13 E-mail 电子邮件的使用	07:34	二维码获取
142			微课 6-14 常用搜索引擎	06:49	二维码获取
143			微课 6-15 常用网络应用软件	06:45	二维码获取
144		多媒体概述	微课 7-0 第 7 章导读	03:28	二维码获取
145			微课 7-1 多媒体技术	04:34	二维码获取
146		多媒体应用技术	微课 7-2 音频处理技术	09:42	二维码获取
147			微课 7-3 图像处理技术	08:25	二维码获取
148			微课 7-4 动画制作技术	09:52	二维码获取
149			微课 7-5 视频制作技术	09:51	二维码获取

表 6-7 教学课件（pptx 格式，共 149 个）

序号	课件编号及名称	序号	课件编号及名称
1	课件 1-0 第 1 章 导读	8	课件 1-7 新的计算环境下常见硬件介绍
2	课件 1-1 认识计算机	9	课件 1-8 进位计数制
3	课件 1-2 计算机的发展	10	课件 1-9 进制转换方法
4	课件 1-3 计算机的应用领域	11	课件 1-10 二进制的算术运算
5	课件 1-4 计算机系统结构	12	课件 1-11 数值编码
6	课件 1-5 微机主机内部硬件介绍	13	课件 1-12 西文字符编码
7	课件 1-6 微机常见外设介绍	14	课件 1-13 汉字编码
15	课件 1-14 多媒体数据的表示	43	课件 2-24 便签的使用
16	课件 1-15 计算机病毒概述	44	课件 2-25 画图工具的使用
17	课件 1-16 计算机病毒的防治	45	课件 2-26 计算器的使用
18	课件 1-17 信息安全技术	46	课件 2-27 录音机的使用
19	课件 2-0 第 2 章导读	47	课件 2-28 截图工具的使用
20	课件 2-1 操作系统基本概念	48	课件 2-29 磁盘格式化
21	课件 2-2 操作系统类别	49	课件 2-30 磁盘分区
22	课件 2-3 Windows 发展简史	50	课件 2-31 磁盘检查
23	课件 2-4 Windows 桌面	51	课件 2-32 磁盘清理
24	课件 2-5 Windows 窗口和对话框	52	课件 2-33 磁盘碎片整理
25	课件 2-6 Windows 剪贴板	53	课件 2-34 Windows 数据备份方法
26	课件 2-7 Windows 帮助系统	54	课件 2-35 使用优化大师
27	课件 2-8 Windows 控制面板	55	课件 2-36 数据压缩和解压缩方法
28	课件 2-9 Windows 系统设置方法	56	课件 2-37 中文输入法

续表

序号	课件编号及名称	序号	课件编号及名称
29	课件 2-10 设置桌面	57	课件 3-0 第 3 章导读
30	课件 2-11 Windows 日期和时间设置	58	课件 3-1 Word 概述
31	课件 2-12 Windows 鼠标和键盘设置	59	课件 3-2 Word 启动和退出
32	课件 2-13 Windows 用户账户管理	60	课件 3-3 Word 程序窗口
33	课件 2-14 Windows 添加和删除程序	61	课件 3-4 Word 文档操作
34	课件 2-15 Windows 查看和管理硬件	62	课件 3-5 Word 文档视图
35	课件 2-16 文件与文件夹概念	63	课件 3-6 Word 文档显示控制
36	课件 2-17 文件和文件夹管理工具	64	课件 3-7 输入文本
37	课件 2-18 文件与文件夹的查找与查看	65	课件 3-8 选择文本
38	课件 2-19 文件与文件夹的操作___选取	66	课件 3-9 编辑文本
39	课件 2-20 文件与文件夹的操作___复制、移动和发送	67	课件 3-10 查找和替换
40	课件 2-21 文件与文件夹的操作___创建、重命名和删除	68	课件 3-11 字符设置
41	课件 2-22 文件与文件夹的操作___属性及文件夹设置	69	课件 3-12 段落设置
42	课件 2-23 记事本的使用	70	课件 3-13 样式和格式
71	课件 3-14 页面布局	99	课件 4-16 Excel 数据列表与排序
72	课件 3-15 表格创建	100	课件 4-17 Excel 筛选
73	课件 3-16 表格编辑	101	课件 4-18 Excel 分类汇总
74	课件 3-17 表格格式化	102	课件 4-19 Excel 透视表
75	课件 3-18 数据管理	103	课件 4-20 Excel 图表基本组成
76	课件 3-19 插入图片	104	课件 4-21 Excel 创建图表

续表

序号	课件编号及名称	序号	课件编号及名称
77	课件 3-20 编辑和美化图片	105	课件 4-22 Excel 图表的编辑与格式化
78	课件 3-21 设置图文混排	106	课件 5-0 第 5 章 导读
79	课件 3-22 模板	107	课件 5-1 PowerPoint 概述
80	课件 3-23 文档保护	108	课件 5-2 演示文稿的组成
81	课件 3-24 编制目录	109	课件 5-3 演示文稿的视图
82	课件 3-25 邮件合并	110	课件 5-4 演示文稿的创建与保存
83	课件 4-0 第 4 章 导读	111	课件 5-5 演示文稿的编辑
84	课件 4-1 Excel 功能简介	112	课件 5-6 幻灯片的文本编辑
85	课件 4-2 Excel 的启动、退出与窗口	113	课件 5-7 幻灯片中图片的插入与编辑
86	课件 4-3 Excel 的基本概念	114	课件 5-8 幻灯片中表格的插入与编辑
87	课件 4-4 Excel 文件操作	115	课件 5-9 SmartArt 的插入与编辑
88	课件 4-5 Excel 工作表操作	116	课件 5-10 声音文件的插入与设置
89	课件 4-6 Excel 区域选取和表示	117	课件 5-11 视频的插入与设置
90	课件 4-7 Excel 数据输入	118	课件 5-12 幻灯片背景
91	课件 4-8 Excel 数据填充	119	课件 5-13 应用主题
92	课件 4-9 Excel 单元格编辑	120	课件 5-14 母版
93	课件 4-10 Excel 单元、行和列设置	121	课件 5-15 设置页眉页脚
94	课件 4-11 Excel 工作表自动格式化	122	课件 5-16 对象动画
95	课件 4-12 Excel 窗口操作与批注使用	123	课件 5-17 切换动画
96	课件 4-13 Excel 公式与单元格引用	124	课件 5-18 幻灯片超级链接
97	件 4-14 Excel 函数	125	课件 5-19 幻灯片放映

续表

序号	课件编号及名称	序号	课件编号及名称
98	课件 4-15 Excel 自动计算功能	126	课件 5-20　PowerPoint 文件的打印
127	课件 5-21 PowerPoint 文件的打包	138	课件 6-10 IP 地址与域名
128	课件 6-0 第 6 章 导读	139	课件 6-11 因特网的接入方式
129	课件 6-1 计算机网络的定义与发展	140	课件 6-12 使用 Internet Explorer 浏览器
130	课件 6-2 计算机网络组成、功能与分类	141	课件 6-13 E-mail 电子邮件的使用
131	课件 6-3 计算机网络的拓扑结构	142	课件 6-14 常用搜索引擎
132	课件 6-4 计算机网络的体系结构	143	课件 6-15 常用网络应用软件
133	课件 6-5 数据通信的基础知识	144	课件 7-0 第 7 章导读
134	课件 6-6 局域网的基础知识	145	课件 7-1 多媒体技术
135	课件 6-7 组建局域网	146	课件 7-2 音频处理技术
136	课件 6-8 资源共享与访问	147	课件 7-3 图像处理技术
137	课件 6-9 了解因特网	148	课件 7-4 动画制作技术
149	课件 7-5 视频制作技术		

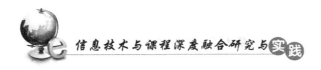

表 6-8 教学设计（docx 格式，共 149 个）

序号	教学设计编号及名称	序号	教学设计编号及名称
1	设计 1-0 第 1 章 导读	15	设计 1-14 多媒体数据的表示
2	设计 1-1 认识计算机	16	设计 1-15 计算机病毒概述
3	设计 1-2 计算机的发展	17	设计 1-16 计算机病毒的防治
4	设计 1-3 计算机的应用领域	18	设计 1-17 信息安全技术
5	设计 1-4 计算机系统结构	19	设计 2-0 第 2 章导读
6	设计 1-5 微机主机内部硬件介绍	20	设计 2-1 操作系统基本概念
7	设计 1-6 微机常见外设介绍	21	设计 2-2 操作系统类别
8	设计 1-7 新的计算环境下常见硬件介绍	22	设计 2-3 Windows 发展简史
9	设计 1-8 进位计数制	23	设计 2-4 Windows 桌面
10	设计 1-9 进制转换方法	24	设计 2-5 Windows 窗口和对话框
11	设计 1-10 二进制的算术运算	25	设计 2-6 Windows 剪贴板
12	设计 1-11 数值编码	26	设计 2-7 Windows 帮助系统
13	设计 1-12 西文字符编码	27	设计 2-8 Windows 控制面板
14	设计 1-13 汉字编码	28	设计 2-9 Windows 系统设置方法
29	设计 2-10 设置桌面	57	设计 3-0 第 3 章导读
30	设计 2-11 Windows 日期和时间设置	58	设计 3-1 Word 概述
31	设计 2-12 Windows 鼠标和键盘设置	59	设计 3-2 Word 启动和退出
32	设计 2-13 Windows 用户账户管理	60	设计 3-3 Word 程序窗口
33	设计 2-14 Windows 添加和删除程序	61	设计 3-4 Word 文档操作
34	设计 2-15 Windows 查看和管理硬件	62	设计 3-5 Word 文档视图
35	设计 2-16 文件与文件夹概念	63	设计 3-6 Word 文档显示控制

续表

序号	教学设计编号及名称	序号	教学设计编号及名称
36	设计 2-17 文件和文件夹管理工具	64	设计 3-7 输入文本
37	设计 2-18 文件与文件夹的查找与查看	65	设计 3-8 选择文本
38	设计 2-19 文件与文件夹的操作——选取	66	设计 3-9 编辑文本
39	设计 2-20 文件与文件夹的操作——复制、移动和发送	67	设计 3-10 查找和替换
40	设计 2-21 文件与文件夹的操作——创建、重命名和删除	68	设计 3-11 字符设置
41	设计 2-22 文件与文件夹的操作——属性及文件夹设置	69	设计 3-12 段落设置
42	设计 2-23 记事本的使用	70	设计 3-13 样式和格式
43	设计 2-24 便签的使用	71	设计 3-14 页面布局
44	设计 2-25 画图工具的使用	72	设计 3-15 表格创建
45	设计 2-26 计算器的使用	73	设计 3-16 表格编辑
46	设计 2-27 录音机的使用	74	设计 3-17 表格格式化
47	设计 2-28 截图工具的使用	75	设计 3-18 数据管理
48	设计 2-29 磁盘格式化	76	设计 3-19 插入图片
49	设计 2-30 磁盘分区	77	设计 3-20 编辑和美化图片
50	设计 2-31 磁盘检查	78	设计 3-21 设置图文混排
51	设计 2-32 磁盘清理	79	设计 3-22 模板
52	设计 2-33 磁盘碎片整理	80	设计 3-23 文档保护
53	设计 2-34 Windows 数据备份方法	81	设计 3-24 编制目录
54	设计 2-35 使用优化大师	82	设计 3-25 邮件合并
55	设计 2-36 数据压缩和解压缩方法	83	设计 4-0 第 4 章 导读
56	设计 2-37 中文输入法	84	设计 4-1 Excel 功能简介

续表

序号	教学设计编号及名称	序号	教学设计编号及名称
85	设计 4-2 Excel 的启动、退出与窗口	109	设计 5-3 演示文稿的视图
86	设计 4-3 Excel 的基本概念	110	设计 5-4 演示文稿的创建与保存
87	设计 4-4 Excel 文件操作	111	设计 5-5 演示文稿的编辑
88	设计 4-5 Excel 工作表操作	112	设计 5-6 幻灯片的文本编辑
89	设计 4-6 Excel 区域选取和表示	113	设计 5-7 幻灯片中图片的插入与编辑
90	设计 4-7 Excel 数据输入	114	设计 5-8 幻灯片中表格的插入与编辑
91	设计 4-8 Excel 数据填充	115	设计 5-9 SmartArt 的插入与编辑
92	设计 4-9 Excel 单元格编辑	116	设计 5-10 声音文件的插入与设置
93	设计 4-10 Excel 单元、行和列设置	117	设计 5-11 视频的插入与设置
94	设计 4-11 Excel 工作表自动格式化	118	设计 5-12 幻灯片背景
95	设计 4-12 Excel 窗口操作与批注使用	119	设计 5-13 应用主题
96	设计 4-13 Excel 公式与单元格引用	120	设计 5-14 母版
97	设计 4-14 Excel 函数	121	设计 5-15 设置页眉页脚
98	设计 4-15 Excel 自动计算功能	122	设计 5-16 对象动画
99	设计 4-16 Excel 数据列表与排序	123	设计 5-17 换动画
100	设计 4-17 Excel 筛选	124	设计 5-18 幻灯片超级链接
101	设计 4-18 Excel 分类汇总	125	设计 5-19 幻灯片放映
102	设计 4-19 Excel 透视表	126	设计 5-20 PowerPoint 文件的打印
103	设计 4-20 Excel 图表基本组成	127	设计 5-21 PowerPoint 文件的打包
104	设计 4-21 Excel 创建图表	128	设计 6-0 第 6 章 导读
105	设计 4-22 Excel 图表的编辑与格式化	129	设计 6-1 计算机网络的定义与发展

续表

序号	教学设计编号及名称	序号	教学设计编号及名称
106	设计 5-0 第 5 章 导读	130	设计 6-2 计算机网络组成、功能与分类
107	设计 5-1 PowerPoint 概述	131	设计 6-3 计算机网络的拓扑结构
108	设计 5-2 演示文稿的组成	132	设计 6-4 计算机网络的体系结构
133	设计 6-5 数据通信的基础知识	142	设计 6-14 常用搜索引擎
134	设计 6-6 局域网的基础知识	143	设计 6-15 常用网络应用软件
135	设计 6-7 组建局域网	144	设计 7-0 第 7 章导读
136	设计 6-8 资源共享与访问	145	设计 7-1 多媒体技术
137	设计 6-9 了解因特网	146	设计 7-2 音频处理技术
138	设计 6-10 IP 地址与域名	147	设计 7-3 图像处理技术
139	设计 6-11 因特网的接入方式	148	设计 7-4 动画制作技术
140	设计 6-12 使用 Internet Explorer 浏览器	149	设计 7-5 视频制作技术
141	设计 6-13 E-mail 电子邮件的使用		

表 6-9 思考题及参考答案 (pdf 格式，7 套)

序号	思考题参考答案	备 注
1	第 1 章 思考题及参考答案	二维码获取
2	第 2 章 思考题及参考答案	二维码获取
3	第 3 章 思考题及参考答案	二维码获取
4	第 4 章 思考题及参考答案	二维码获取
5	第 5 章 思考题及参考答案	二维码获取
6	第 6 章 思考题及参考答案	二维码获取
7	第 7 章 思考题及参考答案	二维码获取

其中，表 6–14 和表 6–16 备注中的"二维码获取"表示学习者可以通过手机扫描《大学计算机基础》教程中的二维码图形进行学习，如图 6–10 所示。

图 6–10 《大学计算机基础》教材中的二维码示例

（2）上机实验及测试资源设计

为了满足移动信息化学习的要求，将《大学计算机基础》中的实验、选择题、操作题和思考题及其在操作过程所使用到的素材进行细化处理，包括上机实验中实验素材及对应的文件、实验视频及对应的文件、实验结果及对应的文件、课外训练中选择题对应的文件、填空题对应的文件、综合测试中选择题对应的文件、测试题对应的素材文件、操作视频及文件、测试结果及对应文件。学习者可以通过手机扫描《大学计算机实训教程》中的二维码获取章节所对应的资源。如表 6–11、表 6–12、表 6–13、表 6–14 和表 6–15 所示。

表6-11 上机实验

序号	实验名称	实验素材及其对应文件（17个）		实验视频及其对应文件（35个）		实验结果及其对应文件（17个）	
1	实验1-1 键盘操作	实验素材：实验1-1	无	实验视频：实验1-1	无	实验结果：实验1-1	无
2	实验1-2 输入练习	实验素材：实验1-2	无	实验视频：实验1-2	无	实验结果：实验1-2	无
3	实验2-1 基本操作	实验素材：实验2-1	无	实验视频：实验2-1	无	实验结果：实验2-1	无
4	实验2-2 环境定制	实验素材：实验2-2	无	实验视频：实验2-2	SY2-2微视频.swf	实验结果：实验2-2	无
5	实验2-3 应用程序安装	实验素材：实验2-3	无	实验视频：实验2-3	SY2-3微视频.swf	实验结果：实验2-3	无
6	实验2-4 文件夹操作	实验素材：实验2-4	无	实验视频：实验2-4	SY2-4微视频.swf	实验结果：实验2-4	无
7	实验2-5 常用附件	实验素材：实验2-5	无	实验视频：实验2-5	SY2-5微视频.swf	实验结果：实验2-5	无
8	实验2-6 中英输入法	实验素材：实验2-6	无	实验视频：实验2-6	SY2-6微视频.swf	实验结果：实验2-6	无

续表

序号	实验名称	实验素材及其对应文件（17个）	实验视频及其对应文件（35个）	实验结果及其对应文件（17个）
9	实验2-7 Windows综合实验	实验素材：实验2-7 素材SY2-7-1.rar 素材SY2-7-2.rar 素材SY2-7-3.rar 素材SY2-7-4.rar 素材SY2-7-5.rar	实验视频：实验2-7-1 SY2-7-1微视频.swf 实验视频：实验2-7-2 SY2-7-2微视频.swf 实验视频：实验2-7-3 SY2-7-3微视频.swf 实验视频：实验2-7-4 SY2-7-4微视频.swf 实验视频：实验2-7-5 SY2-7-5微视频.swf	实验结果：实验2-7 结果2-7-1.rar 结果2-7-2.rar 结果2-7-3.rar 结果2-7-4.rar 结果2-7-5.rar
10	实验3-1 基本操作	实验素材：实验3-1 素材SY3-1.rar	实验视频：实验3-1-1 SY3-1-1微视频.swf 实验视频：实验3-1-2 SY3-1-2微视频.swf	实验结果：实验3-1 结果3-1.rar
11	实验3-2 编辑操作	实验素材：实验3-2 素材SY3-2.rar	实验视频：实验3-2 SY3-2微视频.swf	实验结果：实验3-2 结果3-2.rar
12	实验3-3 排版操作	实验素材：实验3-3 素材SY3-3.rar	实验视频：实验3-3 SY3-3微视频.swf	实验结果：实验3-3 结果3-3.rar
13	实验3-4 表格操作	实验素材：实验3-4 无	实验视频：实验3-4-1 SY3-4-1微视频.swf 实验视频：实验3-4-2 SY3-4-2微视频.swf 实验视频：实验3-4-3 SY3-4-3微视频.swf	实验结果：实验3-4 结果3-4.rar

续表

序号	实验名称	实验素材及其对应文件 (17个)		实验视频及其对应文件 (35个)		实验结果及其对应文件 (17个)	
14	实验3-5 图形操作	实验素材：实验3-5	素材 SY3-5.rar	实验视频：实验3-5	SY3-5 微视频.swf	实验结果：实验3-5	结果 3-5.rar
15	实验3-6 高级功能	实验素材：实验3-6	素材 SY3-6.rar	实验视频：实验3-6	SY3-6微视频.swf	实验结果：实验3-6	结果 3-6.rar
16	实验3-7 Word综合实验	实验素材：实验3-7	素材 SY3-7-1.rar 素材 SY3-7-2.rar 素材 SY3-7-3.rar 素材 SY3-7-4.rar 素材 SY3-7-5.rar	实验视频：实验3-7-1 实验视频：实验3-7-2 实验视频：实验3-7-3 实验视频：实验3-7-4 实验视频：实验3-7-5	SY3-7-1 微视频.swf SY3-7-2 微视频.swf SY3-7-3 微视频.swf SY3-7-4 微视频.swf SY3-7-5 微视频.swf	实验结果：实验3-7	结果 3-7-1.rar 结果 3-7-2.rar 结果 3-7-3.rar 结果 3-7-4.rar 结果 3-7-5.rar
17	实验4-1 基本操作	实验素材：实验4-1	素材 SY4-1.rar	实验视频：实验4-1	SY4-1 微视频.swf	实验结果：实验4-1	结果 4-1.rar
18	实验4-2 编辑操作	实验素材：实验4-2	素材 SY4-2.rar	实验视频：实验4-2	SY4-2 微视频.swf	实验结果：实验4-2	结果 4-2.rar
19	实验4-3 格式化操作	实验素材：实验4-3	素材 SY4-3.rar	实验视频：实验4-3	SY4-3 微视频.swf	实验结果：实验4-3	结果 4-3.rar
20	实验4-4 公式与函数	实验素材：实验4-4	素材 SY4-4.rar	实验视频：实验4-4	SY4-4 微视频.swf	实验结果：实验4-4	结果 4-4.rar

续表

序号	实验名称	实验素材及其对应文件（17个）	实验视频及其对应文件（35个）	实验结果及其对应文件（17个）
21	实验4-5 数据管理	实验素材：实验素材4-5 素材SY4-5.rar	实验视频：实验视频4-5 SY4-5微视频.swf	实验结果：实验结果4-5 结果4-5.rar
22	实验4-6 图表操作	实验素材：实验素材4-6 素材SY4-6.rar	实验视频：实验视频4-6 SY4-6微视频.swf	实验结果：实验结果4-6 结果4-6.rar
23	实验4-7 Excel综合实验	实验素材：实验素材4-7 素材SY4-7-1.rar 素材SY4-7-2.rar 素材SY4-7-3.rar 素材SY4-7-4.rar 素材SY4-7-5.rar	实验视频：实验视频4-7-1 SY4-7-1微视频.swf 实验视频4-7-2 SY4-7-2微视频.swf 实验视频4-7-3 SY4-7-3微视频.swf 实验视频4-7-4 SY4-7-4微视频.swf 实验视频4-7-5 SY4-7-5微视频.swf	实验结果：实验结果4-7 结果4-7-1.rar 结果4-7-2.rar 结果4-7-3.rar 结果4-7-4.rar 结果4-7-5.rar
24	实验5-1 基本操作	实验素材：实验素材5-1 素材SY5-1.rar	实验视频：实验视频5-1 SY5-1微视频.swf	实验结果：实验结果5-1 结果5-1.rar
25	实验5-2 创建演示文稿	实验素材：实验素材5-2 素材SY5-2.rar	实验视频：实验视频5-2 实验视频5-3-1 SY5-2微视频.swf	实验结果：实验结果5-2 结果5-2.rar

续表

序号	实验名称	实验素材及其对应文件（17个）		实验视频及其对应文件（35个）		实验结果及其对应文件（17个）	
26	实验 5-3 幻灯片外观设置	实验素材：实验5-3	素材 SY5-3.rar	实验视频：实验5-3-1 实验视频：实验5-3-2 实验视频：实验5-3-3	SY5-3-1 微视频.swf SY5-3-2 微视频.swf SY5-3-3 微视频.swf	实验结果：实验5-3	结果 5-3.rar
27	实验 5-4 动画与超链接	实验素材：实验5-4	素材 SY5-4.rar	实验视频：实验5-4-1 实验视频：实验5-4-2	SY5-4-1 微视频.swf SY5-4-2 微视频.swf	实验结果：实验5-4	结果 5-4.rar
28	实验 5-5 PowerPoint 综合实验	实验素材：实验5-5	素材 SY5-5-1.rar 素材 SY5-5-2.rar 素材 SY5-5-3.rar 素材 SY5-5-4.rar 素材 SY5-5-5.rar	实验视频：实验5-5-1 实验视频：实验5-5-2 实验视频：实验5-5-3 实验视频：实验5-5-4 实验视频：实验5-5-5	SY5-5-1 微视频.swf SY5-5-2 微视频.swf SY5-5-3 微视频.swf SY5-5-4 微视频.swf SY5-5-5 微视频.swf	实验结果：实验5-5	结果 5-5-1.rar 结果 5-5-2.rar 结果 5-5-3.rar 结果 5-5-4.rar 结果 5-5-5.rar
29	实验 6-1 设置共享文件	实验素材：实验6-1	无	实验视频：实验6-1-1 实验视频：实验6-1-2 实验视频：实验6-1-3	SY6-1-1 微视频.swf SY6-1-2 微视频.swf SY6-1-3 微视频.swf	实验结果：实验6-1	无

续表

序号	实验名称	实验素材及其对应文件（17个）	实验视频及其对应文件（35个）	实验结果及其对应文件（17个）
30	实验6-2 信息浏览与检索	实验素材：实验素材6-2 无	实验视频：实验视频6-2 SY6-2微视频.swf	实验结果：实验结果6-2 无
31	实验6-3 邮箱申请和使用	实验素材：实验素材6-3 无	实验视频：实验视频6-3-1 实验视频6-3-2 SY6-3-1微视频.swf SY6-3-2微视频.swf	实验结果：实验结果6-3 无
32	实验7-1 多媒体应用系统的创作	实验素材：实验素材7-1 素材SY7-1.rar	实验视频：实验视频7-1-1 实验视频7-1-2 SY7-1-1微视频.swf SY7-1-2微视频.swf	实验结果：实验结果7-1 结果7-1.rar
33	实验7-2 多媒体技术综合实验	实验素材：实验素材7-2 素材SY7-2.rar	实验视频：实验视频7-2 SY7-2微视频.swf	实验结果：实验结果7-2 结果7-2.rar

表 6-12　课外训练选择题

序号	选择题训练及其对应文件（7×2 组）		备 注
1	第 1 章选择题训练	choice1-0.htm，choice1-1.htm	二维码获取
2	第 2 章选择题训练	choice2-0.htm，choice2-1.htm	二维码获取
3	第 3 章选择题训练	choice3-0.htm，choice3-1.htm	二维码获取
4	第 4 章选择题训练	choice4-0.htm，choice4-1.htm	二维码获取
5	第 5 章选择题训练	choice5-0.htm，choice5-0.htm	二维码获取
6	第 6 章选择题训练	choice6-0.htm，choice6-1.htm	二维码获取
7	第 7 章选择题训练	choice7-0.htm，choice7-1.htm	二维码获取

表 6-13　课外训练填空题

序号	填空题及参考答案及其对应文件（7 组）		备 注
1	第 1 章 填空题及参考答案	tkda1.pdf	二维码获取
2	第 2 章 填空题及参考答案	tkda2.pdf	二维码获取
3	第 3 章 填空题及参考答案	tkda3.pdf	二维码获取
4	第 4 章 填空题及参考答案	tkda4.pdf	二维码获取
5	第 5 章 填空题及参考答案	tkda5.pdf	二维码获取
6	第 6 章 填空题及参考答案	tkda6.pdf	二维码获取
7	第 7 章 填空题及参考答案	tkda7.pdf	二维码获取

表 6-14　综合测试选择题

序号	选择测试题及其对应文件		备　注
1	综合测试 A 选择题测试	CS1-0.htm	二维码获取
2	综合测试 B 选择题测试	CS2-0.htm	二维码获取
3	综合测试 C 选择题测试	CS3-0.htm	二维码获取
4	综合测试 D 选择题测试	CS4-0.htm	二维码获取
5	综合测试 E 选择题测试	CS5-0.htm	二维码获取
6	综合测试 F 选择题测试	CS6-0.htm	二维码获取
7	综合测试 G 选择题测试	CS7-0.htm	二维码获取
8	综合测试 H 选择题测试	CS8-0.htm	二维码获取

表6-15 综合测试

序号	操作测试题名称	测试素材及对应文件		测试视频及对应文件		测试结果及对应文件	
1	测试 A-1	测试素材：测试 A-1	素材 CSA-1.rar	测试视频：测试 A-1	微视频 CSA-1 微视频.swf	测试结果：测试 A-1	结果 CSA-1.rar
2	测试 A-2	测试素材：测试 A-2	素材 CSA-2.rar	测试视频：测试 A-2	微视频 CSA-2 微视频.swf	测试结果：测试 A-2	结果 CSA-2.rar
3	测试 A-3	测试素材：测试 A-3	素材 CSA-3.rar	测试视频：测试 A-3	微视频 CSA-3 微视频.swf	测试结果：测试 A-3	结果 CSA-3.rar
4	测试 A-4	测试素材：测试 A-4	素材 CSA-4.rar	测试视频：测试 A-4	微视频 CSA-4 微视频.swf	测试结果：测试 A-4	结果 CSA-4.rar
5	测试 B-1	测试素材：测试 B-1	素材 CSB-1.rar	测试视频：测试 B-1	微视频 CSB-1 微视频.swf	测试结果：测试 B-1	结果 CSB-1.rar
6	测试 B-2	测试素材：测试 B-2	素材 CSB-2.rar	测试视频：测试 B-2	微视频 CSB-2 微视频.swf	测试结果：测试 B-2	结果 CSB-2.rar
7	测试 B-3	测试素材：测试 B-3	素材 CSB-3.rar	测试视频：测试 B-3	微视频 CSB-3 微视频.swf	测试结果：测试 B-3	结果 CSB-3.rar
8	测试 B-4	测试素材：测试 B-4	素材 CSB-4.rar	测试视频：测试 B-4	微视频 CSB-4 微视频.swf	测试结果：测试 B-4	结果 CSB-4.rar
9	测试 C-1	测试素材：测试 C-1	素材 CSC-1.rar	测试视频：测试 C-1	微视频 CSC-1 微视频.swf	测试结果：测试 C-1	结果 CSC-1.rar
10	测试 C-2	测试素材：测试 C-2	素材 CSC-2.rar	测试视频：测试 C-2	微视频 CSC-2 微视频.swf	测试结果：测试 C-2	结果 CSC-2.rar
11	测试 C-3	测试素材：测试 C-3	素材 CSC-3.rar	测试视频：测试 C-3	微视频 CSC-3 微视频.swf	测试结果：测试 C-3	结果 CSC-3.rar
12	测试 C-4	测试素材：测试 C-4	素材 CSC-4.rar	测试视频：测试 C-4	微视频 CSC-4 微视频.swf	测试结果：测试 C-4	结果 CSC-4.rar
13	测试 D-1	测试素材：测试 D-1	素材 CSD-1.rar	测试视频：测试 D-1	微视频 CSD-1 微视频.swf	测试结果：测试 D-1	结果 CSD-1.rar
14	测试 D-2	测试素材：测试 D-2	素材 CSD-2.rar	测试视频：测试 D-2	微视频 CSD-2 微视频.swf	测试结果：测试 D-2	结果 CSD-2.rar
15	测试 D-3	测试素材：测试 D-3	素材 CSD-3.rar	测试视频：测试 D-3	微视频 CSD-3 微视频.swf	测试结果：测试 D-3	结果 CSD-3.rar
16	测试 D-4	测试素材：测试 D-4	素材 CSD-4.rar	测试视频：测试 D-4	微视频 CSD-4 微视频.swf	测试结果：测试 D-4	结果 CSD-4.rar

续表

序号	操作测试题名称	测试素材及对应文件	测试视频及对应文件	测试结果及对应文件
17	测试 E-1	测试素材：测试素材 E-1 素材 CSE-1.rar	测试视频：测试 E-1 CSE-1 微视频.swf	测试结果：测试结果 E-1 结果 CSE-1.rar
18	测试 E-2	测试素材：测试素材 E-2 素材 CSE-2.rar	测试视频：测试 E-2 CSE-2 微视频.swf	测试结果：测试结果 E-2 结果 CSE-2.rar
19	测试 E-3	测试素材：测试素材 E-3 素材 CSE-3.rar	测试视频：测试 E-3 CSE-3 微视频.swf	测试结果：测试结果 E-3 结果 CSE-3.rar
20	测试 E-4	测试素材：测试素材 E-4 素材 CSE-4.rar	测试视频：测试 E-4 CSE-4 微视频.swf	测试结果：测试结果 E-4 结果 CSE-4.rar
21	测试 F-1	测试素材：测试素材 F-1 素材 CSF-1.rar	测试视频：测试 F-1 CSF-1 微视频.swf	测试结果：测试结果 F-1 结果 CSF-1.rar
22	测试 F-2	测试素材：测试素材 F-2 素材 CSF-2.rar	测试视频：测试 F-2 CSF-2 微视频.swf	测试结果：测试结果 F-2 结果 CSF-2.rar
23	测试 F-3	测试素材：测试素材 F-3 素材 CSF-3.rar	测试视频：测试 F-3 CSF-3 微视频.swf	测试结果：测试结果 F-3 结果 CSF-3.rar
24	测试 F-4	测试素材：测试素材 F-4 素材 CSF-4.rar	测试视频：测试 F-4 CSF-4 微视频.swf	测试结果：测试结果 F-4 结果 CSF-4.rar
25	测试 G-1	测试素材：测试素材 G-1 素材 CSG-1.rar	测试视频：测试 G-1 CSG-1 微视频.swf	测试结果：测试结果 G-1 结果 CSG-1.rar
26	测试 G-2	测试素材：测试素材 G-2 素材 CSG-2.rar	测试视频：测试 G-2 CSG-2 微视频.swf	测试结果：测试结果 G-2 结果 CSG-2.rar
27	测试 G-3	测试素材：测试素材 G-3 素材 CSG-3.rar	测试视频：测试 G-3 CSG-3 微视频.swf	测试结果：测试结果 G-3 结果 CSG-3.rar
28	测试 G-4	测试素材：测试素材 G-4 素材 CSG-4.rar	测试视频：测试 G-4 CSG-4 微视频.swf	测试结果：测试结果 G-4 结果 CSG-4.rar
29	测试 H-1	测试素材：测试素材 H-1 素材 CSH-1.rar	测试视频：测试 H-1 CSH-1 微视频.swf	测试结果：测试结果 H-1 结果 CSH-1.rar
30	测试 H-2	测试素材：测试素材 H-2 素材 CSH-2.rar	测试视频：测试 H-2 CSH-2 微视频.swf	测试结果：测试结果 H-2 结果 CSH-2.rar
31	测试 H-3	测试素材：测试素材 H-3 素材 CSH-3.rar	测试视频：测试 H-3 CSH-3 微视频.swf	测试结果：测试结果 H-3 结果 CSH-3.rar
32	测试 H-4	测试素材：测试素材 H-4 素材 CSH-4.rar	测试视频：测试 H-4 CSH-4 微视频.swf	测试结果：测试结果 H-4 结果 CSH-4.rar

第三节 信息技术与课程深度融合之课程实施

——以"大学计算机基础"为例

1.课程基本信息

"大学计算机基础"是大学为非计算机专业学生开设的通识教育必修课程，也是大学生入学后开设的第一门计算机基础课程。其涉及面广、影响大，是一门实践性很强的课程，旨在培养学生使用计算机的基本技能，初步具有利用计算机获取知识、分析问题、解决问题的意识和能力，为将来应用计算机知识和技能解决本专业实际问题打下基础，以满足和适应信息化社会对大学生基本素质的要求。

本课程共 48 个学时，4 个学分。它从聚焦支撑混合式教学的课程资源开发建设出发，将传统的课程内容全部数字化，根据章节内容共规划了 149 个微课，包括相应的微课视频、PPT 课件、教学设计，并在平台中进行系统集成，为全面实现开放自主学习，实现了优质课程资源广泛共建共享共赢。

2.课程内容概要

（1）课程目标

通过本课程的学习，使学生熟悉计算机基本工作原理、基本操作和基本应用，培养学生的逻辑思维能力和进一步应用计算机解决在工作中遇到问题的意识，学习在信息社会中生存和交流的规则与方式，熟悉计算机网络的基本知识，熟练掌握利用计算机和计算机网络来获取、存储、传输、处理和应用信息的基本方法。本课程的总体目标为：培养学生应用计算机来认知和解决问题的能力，熟悉信息化社会中的各项基本应用，并为适应未来的社会需要而奠定良好的基础，培养学生终身学习的知识和能力。

表 6-16 "大学计算机基础"教学大纲

课程编号	建议总学时	建议理论学时	建议实验学时	建议自主学时	学分
	36～72	20～48	16～32		

（2）教学大纲

①课程的性质和任务

"大学计算机基础"是非计算机专业的一门公共基础课，是根据教育部高等学校计算机基础课程教学指导委员会提出的"1+x"课程设置方案开设的第一门计算机基础课程。通过本课程的学习，使学生熟悉计算机基本工作原理、基本操作和基本应用，培养学生的逻辑思维能力和进一步应用计算机解决在工作中遇到问题的意识，学习在信息社会中生存和交流的规则与方式，熟悉计算机网络的基本知识，熟练掌握利用计算机和计算机网络来获取、存储、传输、处理和应用信息的基本方法。

本课程涵盖的知识单元内容包括：计算机基础知识、操作系统、文字处理系统、电子表格系统、演示文稿软件、计算机网络基础、网页制作、数据库技术基础、多媒体技术基础、信息与信息安全的基础知识等。

"大学计算机基础"课程教学的基本任务是：

第一，使学生具有强烈的信息意识，深刻地认识到信息技术的崛起和迅速发展对人类社会所产生的深刻而广泛的影响。

第二，培养学生的逻辑思维能力和进一步应用计算机解决在工作中遇到问题的意识。

第三，树立正确的科学态度和严谨的治学精神，学习在信息社会中生存和交流的规则与方式，自觉维护在与信息处理有关活动中的公共秩序，尊重知识产权。

第四，熟悉计算机基本工作原理、基本操作和基本应用。

第五，熟悉计算机网络的基本知识，熟练掌握利用计算机和计算机网络来获取、存储、传输、处理和应用信息的基本方法。

第六，初步了解使用计算机作为工具解决实际问题的基本过程，初步掌握利用计算机知识为所学专业未来发展需要服务的能力。

②相关课程的衔接

本课程无先修课程。

③教学的基本要求

第一，本课程应以通俗的语言和典型的案例介绍计算机科学技术的基础性内容和重要概念，使学生了解使用计算机解决问题的思路。

第二，设计有趣味的实验吸引学生，并强调实际技能和综合能力的训练。

第三，贯彻"精讲多练，精讲精练"的原则，有条件时，可以给学生安排更多的课外上机时间。

第四，充分利用精品课程的教学资源。

④教学方法与重点、难点

第一：教学方法

采用案例驱动的多种方法结合的教学方式介绍计算机软、硬件技术的基础知识、基本思想和基本方法，充分发挥学生课外学习的自主能动性，加强实际操作训练，通过大作业或作品的形式，培养和考查学生应用初步具备利用计算机分析问题和解决问题的意识与能力。

第二：教学重点

计算机基础知识、操作系统、计算机应用技术基础知识，包含文字与表格处理、数据库、多媒体、计算机网络和信息安全等方面的内容。

第三：教学难点

计算机应用技术涉及的基础知识面较广，有一定难度。学会独立使用计算机作为工具解决实际问题的基本过程，以满足个人需求与专业需求。

第四：实施建议

●对非计算机专业，学习的重点是应用，应强调实际技能和综合能力的训练，使学生能综合运用计算机解决实际应用问题。

●随着中小学计算机教育的普及与发展，许多大学新生的计算机知识已

是非零起点，因此，要考虑学生在计算机基础水平上的差异，在教学中给学生提供多样化的自主探索空间，鼓励个性化发展。

●本课程设计的领域较多，各本、专科院校可根据学生层次、专业需要和学时安排有所取舍和侧重，与专业需求有机结合。例如，对本科学生可以在计算机技术的理论原理知识上有所加强，为后续的计算机相关课程奠定基础，高职、高专的学生则在计算机操作技能方面有所加强。

●重视教学资源建设，如教学案例设计、教学辅助视频、题库建设等，推进课程建设。

⑤建议学时分配（共计 72 学时）

表 6-17　《大学计算机基础》课时分配

模块	教学内容	理论学时	实验学时	要求
模块 1	计算机基础知识	4	2	了解、掌握
模块 2	Windows 操作系统	4	4	掌握（重点、难点）
模块 3	Word 文字处理	2	4	掌握（重点、难点）
模块 4	Excel 电子表格	2	4	掌握（重点、难点）
模块 5	PowerPoint 演示文稿	2	4	掌握（重点、难点）
模块 7	计算机网络基础	4	4	了解、掌握
模块 8	多媒体技术基础	4	2	理解（重点、难点）
	合　计	22	24	

⑥课程考核

第一，平时学习考核（包含考勤、课堂提问、实验情况等）。

第二，期末考试：闭卷考试，利用考试系统进行无纸化考试，分为理论和操作两部分。其中理论选择题 30 题共 30 分；操作题 5 题共 70 分，包括 Windows 操作系统、Word 文字处理、Excel 电子表格、Powerpoint 演示文稿、网页设计五个模块。

第三，成绩组成结构：课程成绩=平时成绩40%+考试成绩60%。

⑦教材及主要参考书

林加论，陈焕东，宋春晖，等.《大学计算机基础》，2017年6月，高等教育出版社。

⑧实验课配套教材或实验指导书

邢海花，陈焕东，宋春晖，等.《大学计算机基础实训教程》，2017年9月，高等教育出版社。

（3）课程要求

①结合智慧树"计算机应用基础"的课程内容，学生自己利用课前/在线学习资料完成课前/在线学习任务。

②对于课程中的重难点，授课教师需采用"课前在线学习+课堂讲授与讨论+课后实验"的形式引导学生学习和思考，拓展知识面，带领学生深入理解重难点。对于一般性知识点，采用线下在线学习形式，制定相关的在线学习任务并监督学生的在线讨论，帮助学生完成教学目标。

（4）教学安排

表6-18 "大学计算机基础"教学安排

章	建议学时	教学内容	上机实验	课外训练
第1章	5	1.1 计算机概述；1.2 计算机系统组成及工作原理；1.3 微型计算机硬件组成；1.4 数据转换及运算；1.5 计算机数据与编码；1.6 计算机操作基	实验 1-1 键盘操作；实验 1-2 输入练习	选择题60道；填空题20道；思考题30道
第2章	8 (4+4)	2.1 操作系统概述；2.2 Windows 工作界面；2.3 Windows 控制面板；2.4 Windows 资源管理；2.5 Windows 常用附件；2.6 磁盘维护和系统优化；2.7 中文输入法	实验 2-1 Windows 基本操作；实验 2-2 Windows 环境定制；实验 2-3 Windows 应用程序安装；实验 2-4 文件与文件夹操作；实验 2-5 Windows 常用附件；实验 2-6 中文输入法	操作题综合训练5道；选择题60道；填空题20道；思考题30道；综合应用题1道

续表

章	建议学时	教学内容	上机实验	课外训练
第3章	7（2+5）	3.1 Word 概述；3.2 Word 编辑；3.3 Word 排版；3.4 Word 表格；3.5 Word 图文混排；3.6 Word 高级功能	实验 3-1 Word 基本操作；实验 3-2 Word 编辑操作；实验 3-3 Word 排版操作；实验 3-4 Word 表格操作；实验 3-5 Word 图形操作；实验 3-6 Word 高级功能	操作题综合训练 5 道；选择题 60 道；填空题 20 道；思考题 30 道；综合应用题 1 道
第4章	6（2+4）	4.1 Excel 概述；4.2 Excel 创建与编辑；4.3 Excel 设置；4.4 Excel 公式和函数；4.5 Excel 数据管理；4.6 Excel 图表	实验 4-1 Excel 基本操作；实验 4-2 Excel 编辑操作；实验 4-3 Excel 格式化操作；实验 4-4 Excel 公式和函数；实验 4-5 Excel 数据管理；实验 4-6 Excel 图表操作	操作题综合训练 5 道；选择题 60 道；填空题 20 道；思考题 30 道；综合应用题 1 道
第5章	5（1+4）	5.1 PowerPoint 概述；5.2 PowerPoint 创建与编辑；5.3 PowerPoint 外观设置；5.4 幻灯片放映设置；5.5 PowerPoint 文件保存	实验 5-1 PowerPoint 基本操作；实验 5-2 创建演示文稿；实验 5-3 幻灯片外观设置；实验 5-4 动画和超链接	操作题综合训练 5 道；选择题 60；填空题 20 道；思考题 30 道；综合应用题 1 道
第6章	9（5+4）	6.1 计算机网络基础；6.2 局域网；6.3 Internet 概述；6.4 Internet 主要应用	实验 6-1 设置共享文件夹；实验 6-2 Internet 信息浏览与检索；实验 6-3 E-mail 邮箱申请和使用	选择题 60 道；填空题 20 道；思考题 30 道

续表

章	建议学时	教学内容	上机实验	课外训练
第 7 章	9 (4+5)	9.1 多媒体概述；9.2 多媒体设备；9.3 多媒体应用技术；9.4 多媒体应用系统	实验 9-1 多媒体应用系统的创作；实验 9-2 多媒体综合训练	选择题 60 道；填空题 20 道；思考题 30 道
第 8 章		11.1 综合测试题（A）；11.2 综合测试题（B）；11.3 综合测试题（C）；11.4 综合测试题（D）；11.5 综合测试题（E）；11.6 综合测试题（F）；11.7 综合测试题（G）；11.8 综合测试题（H）。（说明：本部分为综合复习、测试的内容，教学目的在于课程结束前进行一次全面复习和强化训练）		
合计	77	注：各学校可根据各自的学时数和具体条件做适当的调整		

（5）面授课

①线上学习主要完成通过"智慧树"平台浏览课程的微课视频及所有章节选择题测试，28 学时，占 67%。

②面授课教学共 8 次，20 学时，占 33%。主要进行要点概述性讲解，对学生进行教学辅导、总结点评等。具体内容是第 1 章课程介绍、第 2 章 Windows 操作系统、第 3 章 Word 2010、第 4 章 Excel 2010、第 5 章 PowerPoint 2010、第 6 章计算机网络技术基础、第 7 章多媒体技术基础和课程总结、点评及期末考试安排。

（6）教学模式

基于本校当前培养计划及学生学习现状特点，为了更好地激发学生学习的主动性和参与性，提高学生的自主学习能力、合作学习能力、创新思维和批判性思维，本课程教学采用线上（智慧树平台 www.zhihuishu.com）和线下辅助学习的混合式教学模式，即在课堂学习在线视频和以教师为主导的教学

研讨相结合的方式。

3.考核方式、考核内容及标准

（1）考核方式

本课程考核采用过程性评价和总结性评价相结合的方式，如表 6-19 所示。

表 6-19　"大学计算机基础" 考核方案

考核类型	考核项目	分值比例%	评阅方式	考核说明
过程性考核	课程微课	20%	平台自动生成	看完全部 154 个微课视频，且时间不少于 1500 分钟（微课视频总长约 1200 分钟）。完成为 20 分，没有完成的以下项目分数均为 0 分
	上机实验	20%	任课教师	上机实验，上交实验结果文件
	每章测试	10%	平台自动生成	教学平台中的所有选择测试题、填空题
	综合测试	10%	客观题自动生成；主观题由任课教师	教学平台提供的综合测试题，共 6 套（相应模块教完后完成，考试前一次性提交）
	讨论及表现	10%	任课教师	对翻转课堂的讨论课进行评价及平时面授表现
总结性考试	期末考试	30%	客观题自动生成；主观题由任课教师	题目同综合测试。教学平台提供的综合测试题，共 6 套（相应模块教完后完成，考试前一次性提交）

过程性评价：注重考核学生在学习过程中的参与性、主动性和积极性等，主要内容包括视频课程学习、课堂研讨、考勤。

总结性评价：注重考核学生的理论应用能力、动手实践技能、创新思维能力等，主要内容是以教学案例、设计方案、实践作品等为形式的主题作业。

（2）考核内容及标准

根据考核方式，本课程的考核内容及标准如下，如表 6-20 所示。

表 6-20　"大学计算机基础"考核内容及标准

考核内容	比例	备　注
见面课考勤及论坛讨论	32%	根据学生见面课出勤、上课和论坛讨论表现
平台学习进度及章测试	38%	平台会自动记录
教学设计	30%	从题库中自选题目，随堂考试

参考文献

[1] 吴冈.物联网时代为自动化行业带来新的机遇[J].自动化技术与应用,2011(1).

[2] 郑重.商业银行在大数据时代的发展策略[J].商业文化,2019(12).

[3] 顾涛.基于大数据的竞争情报协作分析研究[J].情报科学,2013(12).

[4] 音春.M2M 业务信息化应用研究[J].江西通信科技,2012(10).

[5] 傅莉.人工智能在教育中的应用研究[J].计算机与数字工程,2012(12).

[6] 梁明星.移动互联网下高校图书馆移动信息服务优化研究[D].辽宁大学,2018,5.

[7] 马大宏.浅谈 5G 技术应用现状[J].数据技术与应用,2019(7).

[8] 刘德建,刘晓琳,等.虚拟现实技术教育应用的潜力、进展与挑战[J].开放教育研究,2016(8).

[9] 闫德利.2016 年人工智能产业发展综述[J].互联网天地,2017(2).